ORIGEN Y DESARROLLO DEL PUEBLO DE YANACA

Aymaraes, Apurimac

JESÚS CONDE GÓMEZ

EDIQUID

ORIGEN Y DESARROLLO DEL PUEBLO DE YANACA
© Jesús Conde Gómez

Editado por: Corporación Ígneo, S.A.C.
para su sello editorial Ediquid
José Olaya 169, Ofic. 504, Miraflores. Lima, Perú
Primera edición, enero, 2025

ISBN: 978-612-5184-25-2

Hecho el Depósito Legal en la Biblioteca Nacional del Perú N° 2024-13237

www.grupoigneo.com
Correo electrónico: contacto@grupoigneo.com | Teléfono: +51 955 071 270
Facebook: Grupo Ígneo | X: @editorialigneo | Instagram: @grupoigneo

Colección: Integrales

Contenido

Dedicatoria a mis padres

En honor a mi padre don Sixto Conde Rivera, hijo de don Reymundo Conde Cárdenas y de doña Nolberta Rivera Callalli quien fuera del distrito de Pocohuanca. Mi padre don Sixto Conde Rivera formado en excelentes valores, responsable, perseverante, sagaz, austero y amigo; asumió la mayordomía de semana santa lo que le permitió compartir con sus paisanos pese a su pobreza.

Mi padre tiene mi eterna gratitud por su esmero y sacrificio en la crianza de sus dos hijos.

Fotografía de mi madre Isabel Gómez Huaraca al costado de la cruz de Tunapita, con la mirada altiva y austera que denotaba la excelente formación de mis abuelos: Matías Gómez y Gregoria Huaraca. Dedico este libro a mi madre Isabel Gómez Huaraca, ángel guardián protector de mis pasos.

Dedicatoria a mis tíos: Andrés Gómez, Bernardino Gómez y a mis tías Aurora, Victoria, Sara y Presentación Gómez Huaraca por su cariño desinteresado que han heredado a mi sobrinas (os) Irma, Yolanda, Juan y Alex Mejia Prada. Los tengo tengo presente siempre en mi corazón.

Introducción

La sucesiva fragmentación de las parcelas y la desintegración de las tierras comunales significó para el campesinado el agotamiento de sus propios recursos y el deterioro de la producción natural como parte de la explosión demográfica. Esto conduce a la pauperización y mayor dependencia en todos sus aspectos ya que dicho problema no se presenta de forma aislada, en este libro se buscará ofrecer soluciones a esta situación.

Nuestro universo de investigación será el área geográfica del distrito de Yanaca. La extensión aproximada es de 9.536,76 hectáreas dentro de la provincia de Aymaraes correspondiente al departamento de Apurímac. Yanaca limita con los siguientes pueblos: al este, con el distrito de Pocohuanca; al oeste, con los distritos de Soraya y Toraya; al norte, con el distrito de Tapayrihua; y al sur, con el distrito de Chalhuanca.

El actual distrito de Yanaca estuvo poblado desde periodos preincas los antiguos pobladores habrían construido sus viviendas utilizando piedra, barro, arcilla, variedades de cactus e ichu.

El origen de los pueblos asentados en Yanaca provenían de grupos humanos como "Pupun" y "Chihuanahuay". Estas palabras, legadas por nuestros ancestros y transmitidas de generación en generación forman las raíces etimológicas que se sincretizan en la palabra quechua: *Pupunchihuanahuay*. Este término proviene de dos palabras quechuas: *Pupun* equivalente a la palabra *Chaupi* (ombligo o centro) y *Chihuanahuay,* que se refiere a una flor de color anaranjado típica de la temporada de siembra (Yapuy, Tarpuy) que tiene lugar en el periodo de la siembra del maíz (septiembre a noviembre).

Relataré la transformación de *Pupunchihuanahuay* a *Yawarcco.* En *Yawarcco* los pobladores determinaron reubicarse en cuatro zonas que coincidían con los cuatro puntos cardinales: al este, *Chachcalla;* al noreste, *Tunauccasa* o *Tunaya Ccasa*; al oeste, *Huamanihuayta*; y al sur, *Tapuray.*

En el contexto de la invasión española, se sorprendió a los nativos bebiendo chicha negra elaborada de *Cullisara* (maíz morado), por ello los españoles denominaron a los nativos como *Yanacceños.* Esta palabra se traduce en dos voces *Yana*: negro (a), y *Acca*: chicha de maíz morado.

Preludio al estudio e investigación sobre el origen del pueblo de Yanaca

Según Ángelo Valencia Chávez Nicho existieron civilizaciones previas al imperio Incaico en diversas regiones costeras y andinas. Entre las principales culturas preincaicas se encuentran:

- Cultura Vicús: Se desarrolló en el actual departamento de Piura, entre los años 500 a. C. y 400 d. C.
- Cultura Nazca: Se desarrolló en los valles de Chincha, Pisco, Nazca y Acarí, entre los años 100 a. C. y 800 d. C.
- Cultura Moche: También conocida como Mochica, floreció entre 100 y 800 d. C.
- Cultura Paracas: Se desarrolló desde Cañete hasta Nazca entre los años 700 a. C. y 200 a. C.

En nuestro caso se constata la existencia de centros poblados como *Yawarcco, Tapuray, Chachacalla, Tunauccasa y Huamanihuayta.* El pueblo de Yanaca, en su devenir histórico, está ligado a estas raíces preincaicas. La evidencia paleo antropológica sugiere que los primeros pobladores llegaron al continente procedentes de Siberia, extremo noreste de Asia. Esta migración hacia América habría ocurrido a través de Beringia, durante la última glaciación, hace aproximadamente 13,500 años.

La teoría del poblamiento temprano o teoría pre-Clovis es una serie de estudios, hallazgos arqueológicos, lingüísticos y genéticos relativamente recientes que cuestionan la clásica teoría del poblamiento tardío del continente americano basada en la cultura Clovis. Estos estudios afirman que los seres humanos llegaron a América, basándose en el descubrimiento de restos cuya datación por carbono 14 les otorga una antigüedad mayor a los 14,000 años a. C.

A esta investigación paleo antropológica se suma la información genética, que ha servido para reforzar algunas hipótesis sobre el origen de los primeros americanos, quienes serían descendientes de un grupo proveniente del noreste o del oriente de Asia.

Según la teoría del poblamiento tardío, el hombre llegó al continente americano cruzando el estrecho de Bering, cuando este se habría cubierto de hielo. Los humanos habrían pasado de Chukotka a Alaska. Estos habitantes, llegaron al Nuevo Continente hace más de 15,000 años, procedentes de Asia en tres oleadas migratorias, de acuerdo con un equipo internacional cuyo estudio fue publicado en la revista Nature el 13 de julio de 2012. Estos primeros migrantes de Asia habrían llegado hasta el norte del Perú.

Por ejemplo, la civilización *Caral* se desarrolló entre 2,000 y 1,500 años a.C, sin embargo, sus orígenes se remontan al periodo arcaico tardío de los Andes centrales. La civilización *Caral* fue contemporánea a las de Egipto, Mesopotamia, India y China, y precede en 2000 años a la civilización Olmeca en México. Además, la civilización *Caral* se desarrolló entre 3000 y 1500 años a. C. en el valle de Supe, en Lima.

La destacada antropóloga y arqueóloga peruana Ruth Martha Shady Solís afirma que este proceso comenzó en los Andes centrales durante el arcaico temprano en sociedades horticultoras, aunque predominaban otras actividades económicas como la extracción de moluscos, la pesca y la recolección de plantas silvestres y caza de animales.

Otros investigadores, como el arquitecto José Canziani, sostienen que los hombres que migraron a América, y concretamente al Perú, eran cazadores hace 20,000 años a. C. Para Canziani estos pobladores disponían de instrumentos relativamente avanzados y vivían en la era del Paleolítico superior. Utilizaban puntas de piedra para cazar y conocían el fuego, como lo demuestran los hallazgos en *Telarmachay*.

El arqueólogo Elmo León indica que, en la zona de Paiján, que se desarrolló una civilización en el periodo que comprende 2000 a 6000 años A.C; en la zona actual que comprende los actuales departamentos de Lambayeque hasta Ica. También se dio una migración de grupos humanos desde Oceanía y el sudeste asiático.

La arqueóloga Denise Pozzi-Escot afirma que hubo dos tipos de migraciones: una por el estrecho de Bering y otra por vía marítima. Ruth Martha Shady Solís refuerza esta idea, sugiriendo que los grupos que llegaron por mar tenían conocimientos más avanzados que aquellos que cruzaron por el estrecho de Bering.

En los actuales departamentos: Ancash, Junín, Tacna, Moquegua y Puno, se han hallado restos arqueológicos en cuevas además de pinturas rupestres, como por ejemplo las manos cruzadas en *Lauricocha*. Para el arqueólogo José Canziani estas representaciones pictóricas representaban a seres humanos y animales, además de poseer un profundo sentido espiritual.

Las huellas más antiguas y confiables del hombre prehistórico en el Perú datan de fines del Pleistoceno, es decir, entre 13,000 y 10,000 años a. C., y se hallan en sitios como *Guitarrero* y *Piquimachay* (fase Ayacucho), *Paiján* y *Lauricocha.* La cueva de *Piquimachay,* situada a 25 kilómetros al norte de Ayacucho y a una altitud de 2740 m s. n. m., presenta evidencias de ocupación humana.

El antropólogo MacNeish denominó "fase *Pacaicasa*" al estrato más profundo de la cueva, que correspondería a la primera etapa del yacimiento. Se hallaron huesos de animales extinguidos junto con instrumentos líticos, con una antigüedad estimada entre 20,000 y 13,000 años a. C. No obstante, la existencia del hombre de *Pacaicasa* ha sido cuestionada por varios arqueólogos, quienes consideran que no hay pruebas suficientes para sostener esta hipótesis.

Las evidencias más confiables indican que los primeros humanos en el Perú habitaron cuevas como *Guitarrero I,* un yacimiento arqueológico en el *Callejón de Huaylas,* donde se encontraron restos importantes, como frijoles, ají y maíz, con una antigüedad de 5000 años a. C. Las evidencias arqueológicas indican que entre 100 y 600 años a. C. los grupos humanos domesticaron en las *pampas de Junín* a los camélidos, como la llama y la alpaca.

Alberto Bueno Mendoza, sostiene que entre 5000 y 6000 camélidos habitaron *las pampas de Junín,* es en este periodo que las comunidades empezaron a criar y domesticar animales en cautiverio, lo que marcó el inicio de la técnica pecuaria en los Andes.

Finalmente, durante el periodo precerámico, hace 5000 años, las sociedades andinas comenzaron a construir edificios monumentales como plazas y lugares ceremoniales. Existen restos arqueológicos que aún perduran a la fecha como *Galgada, Sechín* y *Huaricoto.*

El proceso de desarrollo de los primeros centros poblados en Yanaca

Nuestro punto de partida es relacionar a los primeros habitantes de actual Perú ubicados en Pacaycasa, Piquimachay, Cayhuamachay y formación del centro poblado de *Yawarcco* y *Pupun-Chihuanahuay*, de ahí la relevancia de las investigaciones mencionadas en el preludio de esta publicación.

El nombre *Pupun-Chihuanahuay* proviene etimológicamente en el idioma quechua de dos voces Pupun que significa "ombligo" o "centro" y *Chihuanahuay* que se refiere a una flor típica de color anaranjado que florece entre los meses de septiembre a noviembre, de acuerdo con fuentes orales.

Los primeros habitantes habrían denominado sus culturas en consonancia con las características paisajísticas de sus asentamientos humanos, como por ejemplo *Tunauccasa* o *Tunayaccasa* . El nombre *Tunau*, describe un instrumento de batán o maray con una hendidura en la parte media parecida a una manopla.

El siguiente centro poblado es *Chachacalla*, cuyo nombre se debe a su ubicación, que se asemeja a un órgano animal (espalda) dado que está situado en una lomada.

El centro poblado *Huamanihuayta* proviene de dos voces quechuas, *Huamani* que significa "ave rapaz" y *Huayta* que significa "flores" con las que los habitantes solían adornar sus cabezas.

Restos arqueológicos de Huamanihuayta, Yanaca

Este sitio se encuentra en el barrio Allcca de Yanaca, un asentamiento humano ubicado a 4500 m s. n. m., a pocos kilómetros del paraje Otocpampa. Su relieve es plano con un declive moderado que se eleva gradualmente hasta terminar en una lomada. En *Huamanihuayta* se asentaron los primeros pobladores donde se encontraron pocos restos de construcciones preincaicas. Entre los nombres destacables está *Gentilpa Wasin* (casa de gentil o no creyente en Cristo), derribados por los actuales habitantes durante las labores de roturación para *laymi* (acuerdo comunitario para el cultivo de tubérculos), en consecuencia desaparecieron los últimos restos arqueológicos.

Restos arqueológicos de Tapuray

Estos restos arqueológico está ubicado a pocos kilómetros del río Grande, que nace en Antabamba a 3,200 m s. n. m. *Tapuray* construyó una muralla de datación preincaica de tres metros de largo por dos metros de altura con propósitos defensivos.

Este centro poblado cumplía la función de vigía, dedicado al control de las personas que transitaban por la microcuenca. En medio de conflictos entre grupos humanos, los habitantes de *Tapuray* actuaban como intermediarios evitando conflictos. *Tapuray* también se destacó por su organización y liderazgo, lo que les permitió distribuir tareas entre sus habitantes de manera eficiente. Los habitantes de *Tapuray* al igual que los habitantes de *Tunauccasa,* destacan por su planificación en la construcción de andenes y viviendas.

Pupunchihuanaway: Mutación y dispersión de sus habitantes

El crecimiento de la población de *Pupunchihuanahuay* y la incursión permanente de otros grupos humanos como los *Pocras*, Cultura *Wari*; además de grupos humanos de *Pampa Cangallo*, Ayacucho los obligó a cambiar de nombre de Yawarcco a *Pupunchihuanaway*. *Pupunchihuanaway* es un vocablo quechua que significa *Pupun*: centro, ombligo, y *Chihuanahuay*: flor de color anaranjado que aparece en los meses de septiembre a noviembre en la época de *Tarpuy* o siembra de maíz.

Como se ha mencionado los constantes conflictos conllevaron derramamiento de sangre, de ahí el nombre *Yawarcco; Yawar*: sangre y *Qo*: lágrimas. Por lo tanto, sus líderes propusieron cambiar el nombre de *Yawarcco* a *Pupunahuay-Chihuanahuay* y luego dispersarse a diferentes lugares dentro de la cuenca y microcuenca de *Hatunmayo*.

Como segunda medida estratégica ante los continuos enfrentamientos externos y el crecimiento de la población, se decidió la dispersión estratégica en diferentes lugares. Actualmente, estos se encuentran en forma de centros poblados que describiremos a continuación.

Chachacalla ubicado al este de *Pupunchihuanahuay*. El nombre *Chachacalla* proviene de su parecido con un órgano animal (el vaso sanguíneo). Este centro poblado está ubicado al costado de la lomada denominada *Pauccaray*. En una pequeña explanada construyeron sus viviendas con pequeñas pircas de piedras y barro.

Tunayaccasa (o *Tunauccasa*) este nombre hace alusión al instrumento lítico utilizado para moler diferentes granos. Este centro poblado se ubicaba al noreste de *Pupunchihuanahuay* (o *Yawarcco*) en un lugar estratégico que permitía divisar en todas las direcciones y prepararse para los enfrentamientos. Su posición geográfica favoreció el crecimiento de la población y la construcción de más viviendas; a su vez protegía a los otros ayllus de la microcuenca, como *Ayahuay*, *Tapayrihua*, etc.

Los habitantes de *Tunayaccasa* construyeron *Amuna* o *ccocha* para almacenar agua en la temporada de lluvias. Un ejemplo sería la *Amuna* de *Huañaccocha*, que abastecía a toda la población. *Tunayaccasa* se reordenó construyendo un torreón de forma ovalada o circular, desde el cual vigilaban a la población y se defendían de otros grupos humanos expansionistas. La ubicación de Tunayaccasa permitía divisar en todas las direcciones de los cuatro puntos cardinales: este, oeste, norte y sur, además la organización de la población era muy avanzada, con liderazgo y planificación. Se asignaron espacios libres para múltiples usos sociales, como reuniones, plegarias y ceremonias especiales. En las zonas escarpadas construyeron sus viviendas de estructura circular y asimétrica, con calles angostas a los lados de la lomada. Además, construyeron un sistema de andenes para sus cultivos agrícolas.

Torreón de Tunayaccasa

En los años previos se conocían estos lugares como los *Gentilpa Wasin* (habitaciones de gentiles, incrédulos en Cristo). Los invasores españoles y catequistas torturaron y asesinaron a los habitantes tal como enseñaban los curas. Concretamente, su creencia se basaba en la cosmovisión andina, una filosofía que se enfocaba en la naturaleza, el cosmos, los astros y la reciprocidad con el mundo natural que los rodeaba.

Relacionalidad filosófica: La relacionalidad es un principio filosófico donde todo es una correspondencia armónica entre el mundo terrenal y el mundo celestial o cósmico. Esta relación fue trastocada por la invasión española, que impuso su cultura sin comprender la creatividad y originalidad de la cultura nativa.

Restos arqueológicos de Tunayaccasa

Tunayaccasa es el principal centro arqueológico del distrito Yanaca convertido en un centro observatorio natural desde donde se divisa a otros asentamientos humanos de su jurisdicción. En esta zona se construyeron andenes para la experimentación agrícola, además de viviendas, plazas y una torre de vigilancia para protegerse de ataques de otros grupos humanos.

Tunauccasa es un nombre quechua compuesto de dos partes: *Tunau* se refiere a un objeto de piedra rectangular y *Ccasa* se refiere a una ranura en la parte media superior del instrumento *Tunau*. El nombre de este centro poblado, *Tunayaccasa*, comparte características similares con esta herramienta de piedra.

El Tunau se utiliza para moler diversos productos en el maray (batán), una gran piedra plana.

El *Tunau* y el batán (o mortero, *musska*) fueron encontrados por trabajadores durante la siembra de maíz

(*Tarpuy*). Esta herramienta continúa utilizándose para moler una amplia variedad de granos y otros productos.

Los *Tunayas* eran trabajadores cuidadosamente seleccionados por su estilo de vida ordenado y sus habilidades de construcción. Construyeron sus hogares respetando los espacios comunitarios para las reuniones sociales, lo que los diferenciaba de otros grupos humanos coetáneos. El pueblo de Yanaca heredó la organización de los *Tunayas*.

A medida que el asentamiento de *Tunayaccasa* se dispersó se convirtió en uno de los asentamientos humanos más desarrollados de su tipo. Se construyeron cinco plazas públicas en lo alto del cerro para usos diversos y una torre de vigilancia sobre un destacado peñón para vigilar y proteger la zona. La construcción ordenada de viviendas alrededor de las plazas refleja una relación armoniosa con las autoridades, posiblemente influenciada por la gobernanza inca.

En la arquitectura de sus viviendas utilizaban piedras de todos los tamaños, con mortero de nopal (*huallanca*), tierra roja y paja. Las calles eran estrechas y las ventanas pequeñas. Con el tiempo, el asentamiento ha sufrido terremotos, destrucción por parte de animales y otros factores, lo que ha provocado el colapso de los muros. Los restos de estas antiguas casas han sido invadidos por la vegetación, además de ello el terreno actualmente se utiliza para el pastoreo de animales y la agricultura.

Pese a ello perdura el legado histórico de los *Tunayas*, influenciados por las culturas Wari, Chanca y Pocra. Como señaló el Inca Garcilaso de la Vega en sus

Comentarios Reales[1] (Libro V), los Pocras fueron los habitantes originales de Huamanga antes de la conquista Inca. Vivían en zonas al noroeste de los *Warivilcas,* al sureste de los *Rocanas* y *Soras* de Andahuaylas, y al este del pueblo *Mayonmarca* de Andahuaylas, en lo que hoy es la provincia La Mar de Ayacucho.

1 Garcilaso de la Vega, I. (2016). *Comentarios Reales de los Incas.*

El asentamiento de Tapuray

Situado a pocos kilómetros del Hatun Mayo, *Tapuray* se asienta entre los 1000 y 2300 metros sobre el nivel del mar. Los habitantes de *Tapuray* construyeron extensas y amplias andenes para sus actividades agrícolas. Estudios realizados han revelado que las casas fueron construidas en terrenos empinados y desiguales, con calles estrechas. Estas casas fueron construidas utilizando piedras de varios tamaños, y adaptadas al terreno rocoso mediante técnicas que incluían mezclar cactus, tierra, paja y agua. Se aplicaron los mismos métodos de construcción para construir el muro, que tenía alrededor de dos metros de alto y tres metros de largo.

Muralla de Tapuray, Tumiri.

Al sur del pueblo del mismo nombre se encuentra la poderosa muralla de *Tapuray*. De allí su nombre quechua, que significa *Tapuy*, que se traduce en: *preguntar a todos los que pasan por ese lugar.* Estos habitantes construyeron una muralla para impedir el paso libre y el ataque inmediato a su población. Asimismo, edificaron sus viviendas en peñascos y en un terreno muy abrupto, con pequeñas callecitas que se extendían a lo largo de la colina.

La arquitectura de la zona se integraba con las rocas naturales de la cordillera en perfecta armonía con la Pachamama. Los restos arquitectónicos de las viviendas de *Tapuray* evidencian lo difícil que fue construir en un lugar tan agreste, entre peñascos y rocas de la cordillera, sin socavar el relieve, incorporándose sutilmente al paisaje.

Me fascinó estudiar e investigar sobre *Tapuray*, porque transité por sus calles, emocionado y orgulloso. Como un *tapurino* agradezco tu grandeza y admiro a mis ancestros por habernos legado todas tus obras. Hoy, en estos tiempos contemporáneos, los habitantes de *Tapuray, Tumiri* son gente trabajadora, transformadores de su entorno.

La construcción de la muralla en *Tapuray* fue edificada en plena ladera, con una longitud de más de un kilómetro, y una altura de más de un metro y medio. Esta construcción se realizó acoplando peñascos y respetando la naturaleza. Utilizaron piedras pequeñas y barro como método de protección, impidiendo así la incursión fácil de otros grupos humanos.

Dedicarse a la construcción de una muralla requería tiempo, materiales, agua, barro, acarreo de piedras, gente, alimentos, etc. De allí se infieren las siguientes premisas: En primer lugar, se puede intuir que habría suficiente alimentación, así como una organización política capaz de movilizar grandes masas humanas. Esto les permitió transportar agua, acarrear piedras de todo tamaño, preparar barro con cascajo y elaborar una mezcla de argamasa (mezcla de tierra, arcilla, cascajo, ichu o paja, junto con una variedad de cactus como *wallanca*, gigantón, *waraqo, sanji*, etc.). En segundo lugar la movilización de la población *Pupunchihuanahuay* hacia *Tapuray* permitió realizar obra pública y faena popular, lo cual requería un largo período de trabajo.

Además de ello los pobladores planificaron construir mejores andenes priorizando en este centro poblado el trabajo agrícola. Se presume el cultivo de maíz de calidad, dado que era un valle interandino. Se encontraron utensilios líticos como morteros, musska y batanes sin haber realizado ninguna excavación. Por ejemplo, se encontró una musska partida de piedra, que probablemente habrían traído del río próximo, Atún Mayo, río de Antabamba. Estas piedras fueron traídas del río grande, lo que evidencia un gran poder organizativo. Conservaban la reciprocidad con la Pachamama y su complemento, el Apu *Condorccarcca*. Estos peñascos eran su adoración, sus huacas que los protegían de desastres y les otorgaba otras dádivas.

Huamanihuayta, ubicado hacia el suroeste a 4500 m s. n. m., muestra una dispersión desde su centro de origen, *Pupunchihuanahuay*, posterior a *Yawarcco*. Su desarrollo fue muy precario e incipiente lo que se explica por su posterior dispersión al pie de *Huamanihuayta*. Este sería un grupo humano rebelde que se desplazaba en un estado paleolítico inferior, nómada. Por su naturaleza, no desarrollaron infraestructuras.

Más abajo se encuentra el pintoresco *Atun Paqcha*, donde antaño se decía que acechaba el *Pishtaco*, esperando a sus víctimas, quien, tras atraparlas, les degollaría para extraerles la grasa humana. Esta leyenda se mantuvo entre los habitantes que transitaban por *Atun Paqcha.*

Cascada de Atun Paqcha

El camino de herradura es un paso obligado que atraviesa la ruta desde el distrito de Yanaca a Chalhuanca. Los viajeros transitaban entre peñascos recorriendo la catarata *Atun Paccha*, en un entorno boscoso, de allí corría la voz que decía: en la oscuridad, suele aparecer la presencia de un Pishtaco, quien despoja a los viajeros de sus pertenencias, los degüella, reduce sus cuerpos y los empaqueta en su alforja para comercializar partes humanas.

Camino de piedra en Phallani

Quienes pasaban por este camino, si la noche les alcanzaba, solían pernoctar allí y reanudar su viaje al día siguiente. Los pobladores de esa zona transitaban por este camino de piedra después de realizar compras en la ciudad de Chalhuanca.

Este camino de piedra data desde tiempos inmemoriales y recorre el actual distrito de Yanaca y pueblos adyacentes cuyo paso obligatorio.

La gente caminaba a pie, a lomo de bestia, con acémilas, piaras de mulos, caballos, burros. Día y noche, bajo la luz de la luna o en total oscuridad, el objetivo del viajero era llegar a su destino. En ocasiones se pedía posada al señor Pablo Meza, quien construyó una vivienda fuera del pueblo, en el lugar llamado *Phallani* en

Yanaca, con el propósito de alojar y dar pensión a los viajeros. Este señor siempre pensaba en el sufrimiento de los viajeros por ello les brindaba descanso de su agotador trayecto, un lugar donde podían descargar sus bultos y reemprender el viaje al día siguiente. Estos caminantes venían desde pueblos lejanos transportando productos, algunos dedicados al comercio, otros viajando hacia las ciudades de la costa en busca de trabajo, donde ya existían vías carrozables.

El pueblo de Yanaca formaba parte de estos pueblos y, al mismo tiempo, era el centro donde convergían los pobladores de lugares altoandinos con sus camélidos que utilizaban como medio de transporte. Antes de continuar su viaje, realizaban intercambios comerciales o trueques, siendo esta una característica del movimiento poblacional de este sector.

Si observamos detalladamente la superficie de este camino de Piedra, se encuentran una serie de venas pétreas que dan forma a mapas, algunos parecen representar el continente africano, otros el planisferio, el continente americano y muchos otros. El camino *Rumiñan* forma parte del patrimonio del distrito de Yanaca, el termino Rumiñan especifica su carácter natural.

En recientes estudios realizados por antropólogos, arqueólogos e historiadores, se dictaminó que el Qhapaq Ñan es patrimonio cultural de la nación, bajo la dirección general del Ministerio de Cultura. Esto reconoce el valor histórico del Camino Rumiñan, que se ha convertido en un patrimonio del distrito de Yanaca.

Desarrollo hidráulico de Yanaca

El agua discurría desde manantiales adyacentes y desde la Amuna *Wañaqocha*, otrora fuente de consumo para los pobladores de *Tunauccasa* o *Tunayaccasa*. Sin embargo, durante la época de estiaje de junio a octubre, disminuía su caudal. El paso por este lugar, a través del camino de *Atun Paqcha*, se volvía temible, en medio de un bosquecillo de árboles de *unca*, con peñascos a ambos lados y el sendero de herradura en el centro.

Las grandes obras hidráulicas que nos han dejado los habitantes prehispánicos de la zona es motivo de admiración y constante investigación, no solo porque la estructura era la solución a los problemas del agua, sino porque esta formaba parte de una veneración a la

Yacumama (madre agua). Esta veneración subsiste hasta la fecha a través de ritos, costumbres ejemplos vivientes en los pueblos de Ayacucho y en *Tupicocha*, Huarochirí.

Sistema de andenería e irrigación en Yanaca

Otro legado preinca es el sistema de andenería al igual que las Amuna (estructuras de pozos). Este sistema funcionaba con zanjas abiertas que seguían las curvas de nivel en las punas, permitiendo conducir el agua de lluvia hasta cochas, estructuras abiertas para recoger el agua. Esta se filtraba en la montaña y luego emergía aguas abajo como puquio meses después durante la época de estiaje.

Entre los vestigios de grandes obras hidráulicas se encuentran los canales de riego, que a menudo cruzan los andenes, llevando agua de una cuenca a otra mediante trasvases, con mejores posibilidades agronómicas. Otros vestigios se encuentran en Cajamarca, como el canal de *Cumbe Mayo,* y el sistema de riego *Huirucatac,* ubicado en la parte alta del río Nepeña, en Huaylas, Ancash. Allí, un sistema de lagunas interconectadas (*Coñoc Ranra, Capado Cocha, Tocona,* entre otras), unidas por el canal *Huirucatac* de más de cien kilómetros, lleva aguas desde la cuenca del río Santa *Lacramarca.*

Luis Masson Meiss, estudioso de la andenería, afirma que en el Perú existe un aproximado de un millón de hectáreas en andenes. Además, la población inca y preinca desarrolló el *waru waru* o camellones, una práctica ancestral que aún se utiliza. Esta técnica consiste en jalar tierra formando una plataforma rodeada de agua, creando un microclima que mitiga el efecto de las heladas y permite el desarrollo de los cultivos.

En la costa, las condiciones eran diferentes debido al relieve y la falta de agua. Sin embargo, los pobladores demostraron su ingenio en la construcción de sistemas hidráulicos, como los acueductos de Nasca. Estos conducen las filtraciones de los ríos de Aija, Tierra Blanca y Nasca por tramos subterráneos y descubiertos (galerías zanjón). En los tramos cubiertos, construyeron chimeneas de sección helicoidal cada cincuenta, cien y ciento veinte metros, con el propósito de realizar el mantenimiento de las zanjas, evitar la colmatación y mantener el régimen de flujo del agua.

Las paredes de estas chimeneas están revestidas con piedras de canto rodado, colocadas sin aglomerante, manteniendo su estabilidad a pesar de los fenómenos naturales. La cultura Nasca, a pesar de carecer de agua, mostró ingenio y creatividad en el desarrollo de estos sistemas.

La importancia de divulgar estas obras ancestrales radica en continuar con las técnicas hidráulicas Incas y preincas en el manejo del agua, aprovechando las técnicas modernas. El sistema de almacenamiento de agua era una forma de prevención para extender la duración del recurso hídrico y regar más hectáreas de tierra.

En la comunidad campesina de Yanaca, en Apurímac, se continúa estudiando el manejo hídrico a través de la laguna *Yoricocha o Ccoriccocha*, ubicada a una altitud promedio de 5500 m s. n. m. El *Apu Kujchi* antaño, cubierto de nieve perpetua, ahora una cordillera desnuda debido al cambio climático.

El sistema de cochas de Yanaca es un ejemplo más de cómo estas comunidades han gestionado el agua a lo largo del tiempo, manteniendo sus tierras fértiles y sus pueblos abastecidos.

Wañaqocha alimentaba al asentamiento humano *Tunauccasa* o *Tunayaccasa*, ellos lo utilizarían para su consumo, y con la llegada de los invasores sería abandonada y olvidada. Este canal abastecería a toda la población; de allí aparecen algunas filtraciones, como manantes o puquiales en distintos lugares fuera de *Tunayaccasa*. Planteo que los antiguos habitantes habrían utilizado como *Amuna* la poza de almacenamiento en *Wañaqocha* para redistribuir dentro del asentamiento humano Tunauccasa.

Este ojo de agua, presumiblemente *Amuna* de los habitantes de *Tunauccasa* o *Tunayaccasa*, fue presentado como proyecto de represamiento y ejecutado por el profesor Eloy Ramírez Ortega en su período de alcalde de *Yanaca*. La laguna de *Yori Cocha* cumple una doble función, provee de agua potable para el consumo de la ciudad de Yanaca y de regadío de sus chacras. Actualmente está represada por gestión de las autoridades.

Yaku Raymi: Ritual de agua

Consiste en realizar un ritual al agua y la pachamama. Primero, la tierra se prepara para volver a dar vida a los productos agrícolas a partir del contacto con el agua. Este proceso es ritualizado con *wancas o harawis*, en toda una ceremonia donde participan todos los que asistieron a la faena.

El *Yaku Raimi* es una celebración heredada desde los preincas y continúa llevándose a cabo. Antes de su represamiento, la población organizaba la limpieza de la laguna de *Yori Cocha* para evacuar residuos, lodos y piedras. Para extraer estos materiales, preparaban entre diez y quince varones, amarrados por la cintura con sogas, quienes entraban hasta unos cincuenta metros hacia la profundidad. Esta actividad se realizaba con ceremonia ritual y mayordomía.

En la fiesta de *Yarqa Aspiy o Yacu Raymi* (fiesta del agua), los mayordomos cargontes invitaban a danzantes de tijeras y músicos diestros de arpa y violín. La presencia de la música era elemental en este ritual del agua como una forma de homenaje.

Acompañados de chicha de jora, vino, cañazo y otras bebidas, la faena continuaba con la limpieza de las acequias, desde *Pampaqocha* hasta *Puca Puca*.

El *Yacu Raymi* es celebrado en *Accopampa* o *Accoserca,* alrededor de la ciudad de Yanaca. La celebración finaliza con una corrida de toros en *Accopampa* o Cruz Pampa, acompañada de danzantes de tijeras y músicos que tocan arpa y violín, entre otros instrumentos.

Yarqa Aspiy: Ritual de limpieza de acequias

El *Yarqa Aspiy* era una costumbre ancestral de la comunidad campesina de Yanaca, pero ha sido obviada por la migración y la falta de entusiasmo de las generaciones más jóvenes. Estas actividades se practicaban en los dos barrios del pueblo: Allcca y Ccollana. Se rendían ritos a la *Pachamama* y al *Apu,* al igual que al *Yaku,* agua.

Estas actividades eran programadas en diferentes fechas para cada barrio del pueblo de Yanaca: *Allcca y Ccollana.*

La limpieza anual de las acequias, tenía el objetivo de proveer riego a las chacras de *Kuyo, Hatun Arrao* y *Uran Arrao.* Después de haberlo ejecutado esta ceremonia en *Allcca y Ccollana* corresponde realizar la faena comunal para limpiar acequias en otros sectores como *Hatun Paqcha* y *Uchuy Paqcha,* para el riego de los parajes de *Phallane, Accoserca, Capilla* y *Chillij Pampa.* La faena concluye descolmando las cochas de *Condorpuquio, Mamaccocha, Engañoma, Poccochuco* y *Pataccocha.* Se realiza la limpieza de estas acequias porque toda la población las utiliza para el riego de sus huertas y la construcción de viviendas.

Los primeros asentamientos humanos del pueblo de Yanaca

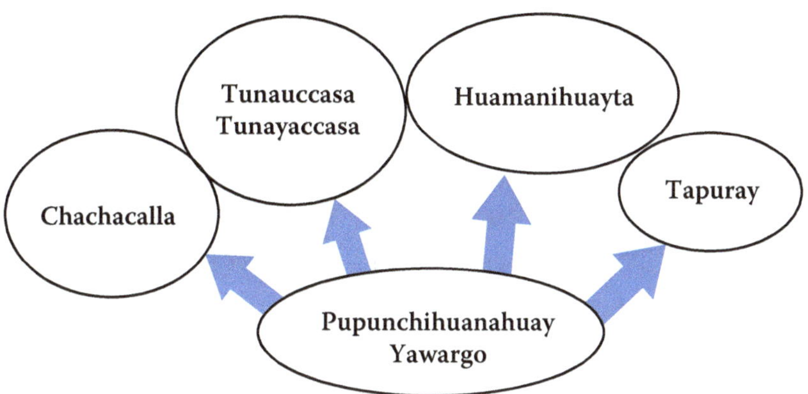

Estos habitantes aprovecharon los diversos pisos ecológicos para cultivar papas, ocas, ollucos, mashua, quinua, y frutales como la chirimoya, pacay, lúcumo, entre otros.

Como afirma Gonzales Carreé[2] es importante señalar lo siguiente que *los Chancas tuvieron un régimen anual de lluvias establecido en tres períodos estacionales:* Verano lluvioso, de diciembre a marzo; Invierno seco, de mayo a agosto y primavera de poca lluvia: de septiembre a diciembre. Este es el mismo régimen climático que continúa actualmente.

El autor señala que los Chancas vivieron entre los años 1100 y 1400 de nuestra era, durante el período

---

2 González Carré, Enrique. "Los señorios chankas". Universidad Nacional de San Cristóbal de Huamanga, 1992.

intermedio tardío, en el territorio de la sierra central, entre Huancavelica, Ayacucho y Apurímac. Estos lugares comparten el mismo tipo de construcción utilizando material burdo, cronológicamente ubicado entre el estadio post-Wari y contemporánea a la cultura Inca.

Otros estudios sobre la cultura Chanca[3] dicen que sus orígenes se remontan al año 1300 a. C., es decir, fueron descendientes de *Pacaicasa*, ubicada en Ayacucho. Sin embargo, se desarrollaron como cultura entre los años 1200 y 1450, según concluyeron los mencionados investigadores. A este período pertenece la comunidad de Pupunchihuanahuay, Yanaca.

Estas afirmaciones se deben a que los centros poblados estaban en permanente movimiento social por conflictos entre grupos aldeanos. Esto explica que los pobladores compartieran los mismos apellidos: Allcca, Chijchi, Mallma e Irapa, Yanavilca, Toquello Vilca, Uscovilca, Tomayhuaraca o Astohuaraca, Uscovilca, Accu Hualloc o Ancco Hayllu, Ancco Hualloc.

Durante la invasión española, los Chancas habrían hecho una negociación con los invasores y entraron en alianza con ellos para derrotar al ejército Inca. Los Chancas tuvieron su apogeo tras la decadencia de la cultura Wari, entre los años 1200 y 1438, según fuentes como Segundo Gonzales (1982), Lorenzo Huertas (1983) y Pedro Cieza de León (1553). Los primeros Chancas establecidos en Apurímac provenían de la actual zona de Castrovirreyna, en Huancavelica.

---

3 Bolaños Baldassari, Aldo. "La confederación chanka". Centro de Estudios y Divulgación de Historia del Perú (Lima) 1997

En el año 1438, el caudillo chanca Anccu Hualloc reunió 40,000 hombres de guerra y emprendió la conquista del Cusco, avanzando victoriosamente hasta rodear la ciudad. El Inca y personajes de la nobleza huyeron con dirección al Collasuyo sin embargo un príncipe posteriormente proclamado como Pachacútec encabezó la resistencia y ofreció la paz a los sitiadores pero estos rechazaron la oferta. Los cusqueños habrían perdido si no fuera por la estrategia de las piedras *pururaucas,* piedras disfrazadas de soldados para engañar a las Chancas. Según los vencedores, murieron en *Yawarpampa* 22,000 Chancas y 8000 cusqueños y *Anccu Hualloc,* general chanca fue herido y apresado. Los Chancas fueron perseguidos hasta el gobierno de Atahualpa, según la fuente de Bernabé (1653) y debido a la inferioridad de sus fuerzas, optaron por escapar hacia la selva de Urubamba.

A pesar de la poca información sobre su historia guerrera los restos arqueológicos identificados de las Chancas muestran su vida y costumbres; según la cual privilegiaban el desarrollo bélico. Los Chancas desarrollaron el sitio de *Sondor* y los restos arqueológicos en zonas como *Huamancarpa,* cerca de *Andahuaylas, Curahuasi* y *Rumihuasi.*

La nación chanca tenía dos grupos étnicos: los *Hanan Chanca,* también conocidos como el *Reino de Parkos,* quienes guerrearon con los Incas. Estos eran una etnia que habitaba los actuales departamentos de Ayacucho, Huancavelica, parte de Junín y Apurímac, y decían tener su *Pacarina* en las lagunas de *Choclococha* y *Urcococha,* ambas en el departamento de Huancavelica. Su territorio inicial estuvo ubicado entre los ríos *Ancoyaco* (actual río Mantaro), *Pampas* y *Pachachaca*, tributarios del Apurímac. Al expandirse, establecieron su sede principal en *Paucará*.

Los *Uran Chanca*, por su parte, se entregaron voluntariamente a los Incas y no fueron destruidos ni sometidos a los *Mitmakuna* (traslados territoriales forzosos). Su sede fue *Antahuaylla* (actual Andahuaylas), que significa *pradera de celajes*, y su deidad principal era el puma andino. Su apogeo ocurrió durante el siglo XIII, mientras que la provincia fue creada por Simón Bolívar el 21 de junio de 1825. Desarrollaron una cultura autónoma y tenían una variante de idioma del *Pucarina*. Su capital fue *Waman Karpa* ("casa del halcón") ubicada a orillas de la laguna *Anori*, a 35 kilómetros de *Andahuaylas*, en las riberas del río *Pampas*. El iniciador de la expansión chanca fue *Uscovilca*, cuya momia se conservó con veneración en *Waman Marka* hasta la época de los Incas. Los fundadores de los Uran Chanca fueron *Usco Vilca* y *Anco Vilca*.

Los *Hanan Chanca* eran conocidos por su crueldad en el combate los prisioneros de guerra recibían castigos, como arrancarles la piel mientras aún estaban vivos, primero procedían a colgarlos de cabeza para concentrar la sangre en la parte superior del cuerpo, y luego comenzaban a arrancarles la piel de los pies. Otra forma de intimidar al enemigo era utilizando los cráneos de los prisioneros para fabricar copas en las que bebían la sangre de sus enemigos.

John V. Murra destaca la originalidad de la postura de Guaman Poma, quien sostenía que el dominio Inca era considerado reciente y foráneo por la mayoría de sus súbditos, y que los Incas no fueron los primeros en poner orden en medio de la barbarie. Según Guaman Poma, la expansión Inca, que tuvo lugar entre 1438 y 1525, sometió a millones de personas y docenas de grupos étnicos, lo que hizo que muchos súbditos vieran su dominio como reciente.

Correlacionando estos hechos históricos inferimos que el nombre de Yawarcco proveniente de dos voces *Yawar*: sangre y *Qo*: lágrimas, era la consecuencia de los múltiples enfrentamientos que ocurrieron en esta zona.

Otra suposición indicaría que el nombre Yawarcco está asociado con una historia que afirma que el Inca Yawar Huaca lloró sangre al llegar a este lugar, sin embargo, este mito carece de sustento histórico.

El crecimiento poblacional, el progreso material y cultural, y la domesticación de animales como la vicuña, que se trasquilaba en forma individual o colectiva mediante el *Chaco*, sentaron las bases de una organización social más compleja, que integraba la producción de alimentos con una estructura política incipiente. Este proceso está vinculado a la evolución social en tres grandes épocas: la de parentesco, la de familia y la individual.

El desarrollo social de los clanes continuó a lo largo del tiempo, con el surgimiento de normas morales y jurídicas que fortalecieron la cohesión comunitaria. La aparición de la familia, resultado de la fusión de diversos grupos humanos, marcó el inicio de nuevas formas de organización social. A través del parentesco, las actividades domésticas, la agricultura, las creencias religiosas y la defensa territorial se consolidaron como pilares de la identidad territorial.

Yanaca, de origen Pupunchihuanahuay, y sus otros grupos humanos ubicados en Chachacalla, Tunauccasa, Tapuray y Huamanihuayta, fueron testigos de la llegada de los españoles, quienes destruyeron sus asentamientos y sometieron a los habitantes a trabajos forzosos en la mita minera. Los pocos sobrevivientes se refugiaron en cuevas y fueron denominados gentiles por los invasores.

Hoy en día, estos restos arqueológicos se encuentran en peligro de desaparecer por la acción del tiempo, la vegetación y la indiferencia de las autoridades locales. Sin embargo, en algunos lugares aún perduran restos arqueológicos como la muralla de TApuray, una construcción que refleja la concepción filosófica andina de vivir en armonía con la naturaleza.

La llegada de los invasores españoles significo una ruptura cultural para el poblador Yanaquino, quien se enfrentó a un otro sujeto que desconocedor de la cultura y desinteresado en aprender de ella se dedicó a demolerla y sojuzgarla. El objetivo de los invasores era destruir la condición social y moral de los habitantes, atacando su capacidad cognitiva mediante su esclavización y tortura.

Este mal denominado *descubrimiento* fue celebrado por la Comisión Nacional Peruana en una serie de conferencias de divulgación. Las primeras conferencias, en 1987, abordaron el tema del uso del término “India” y, en 1988 y 1989, el tema general fue *El mundo andino en la época del descubrimiento* en estos coloquios se omitió aclarar el error cometido por Cristóbal Colón y sus tripulantes al confundir el nombre de India cuando se trataba del continente americano.

Aún hoy se festeja este día, denominándolo Día de la Hispanidad, que celebra el colapso del Imperio Incaico y Azteca.

Hildebrando Castro Pozo, en su obra Yanaconaje en las Haciendas Piuranas[4] afirma *los instrumentos incipientes de labranza y la falta de técnicas hacen que dichas tierras produzcan cantidades insignificantes, apenas para el autoconsumo y de mala calidad.* La siembra y cosecha se realizan una sola vez al año, sin técnicas adecuadas como abono natural, que se emplea de vez en cuando, sujetos a un cultivo rutinario. Se desconocen técnicas elementales como lombricultura, los beneficios del humus y el uso de desechos orgánicos, los estratos vegetales, compost, entre otros. En cuanto a la ganadería, hay pocas razas mejoradas, además falta el entusiasmo por emprender y hay resistencia al cambio.

Yanaca cuenta con espacios como praderas quebradas y un sistema de andenería preinca e inca disponible. Es recomendable que nuestros paisanos Yanaquinos cambien esta actitud pasiva y se adapten a los cambios tecnológicos en materia agrícola.

---

4 Castro Pozo, Hildebrando. "El Yanaconaje en las haciendas peruanas". Instituto de estudios peruanos. (Lima). 1947.

Línea de tiempo

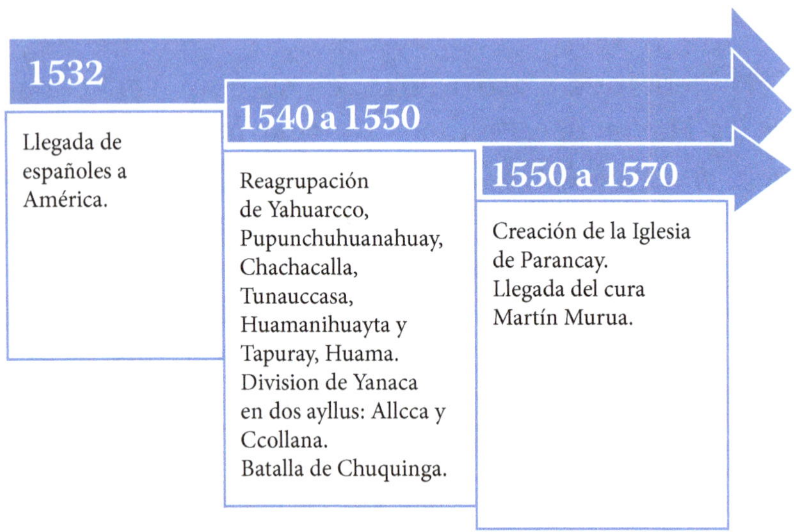

Aplicando la línea de tiempo se determinó la creación del nuevo nombre Yanacca, el gentilicio para la población seria yanacceño y yanacceña. Entre los años 1540 y 1550 por acción de los españoles y después de plantar un cedro en el medio de la plaza, se dividió el pueblo en dos ayllus o barrios: *Allcca* y *Ccollana*. En el lado oeste se ubicó el barrio Allcca, con los habitantes procedentes de Yawarcco, Tapuray, Wamaniwayta y otros grupos humanos. En el este, el ayllu o barrio Ccollana se poblaría con habitantes procedentes de Chachacalla, Tunauccasa o Tunayaccasa. Cada poblador de las tribus o aldeas elegiría el lugar o ayllu o barrio donde vivir.

Una vez establecidos, los habitantes de Yanaca serían sometidos a la explotación de minerales entre los años 1540 y 1554, según referencia en la línea de tiempo. Ese año inició la guerra civil entre los invasores españoles en la Batalla de *Chuquinga* (la actual

Chalhuanca-Apurímac) el 21 de mayo de 1554, con la victoria del encomendero Francisco Hernández Girón sobre el Mariscal Alonzo de Alvarado. Luego la batalla de *Pucará* el 18 de octubre de 1554, donde fue derrotado Francisco Hernández Girón. Girón logró escapar, pero a los dos meses fue detenido y llevado a Lima, siendo condenado a muerte y ejecutado en los primeros días de diciembre de 1554. Su cabeza fue clavada en la picota y exhibida en la Plaza de Armas de Lima; su casa fue derribada y sembrada de sal.

Estos pueblos, Chuquinga y Yanaca, distan pocos kilómetros entre sí, por lo que no cabe duda de que pertenecían al mismo encomendero. Esta guerra entre los españoles les permitiría aglutinar a más gente en ambos frentes, lo que diezmaría la población.

La mita minera consistía en la extracción del oro y la plata en los socavones, los pobladores serian obligados a extraer y trasladar los metales, cargando en su espalda, cruzando cerros y quebradas para entregar dichos minerales al patrón. Vestigios de esta explotación minera se evidencian en los socavones existentes en los lugares mencionados.

En reiterados estudios realizados por mi persona, ubique socavones y chimeneas profundas de 15 a 20 metros de profundidad. Dicha extensión se midió con cuerdas, amarrando un pedazo de piedra en un extremo del cordel, en los parajes arriba señalados. Una vez extraído el mineral, cada trabajador lo trasladaba a cuestas, recorriendo de 20 a 30 kilómetros de distancia hasta el lugar señalado por los explotadores. No existía otra forma de transporte, y en el trayecto, muchos hombres morirían entre cerros y quebradas, sus cuerpos putrefactos expuestos a los cóndores y otras aves de rapiña.

Mientras ocurrían estos acontecimientos nefastos, los encomenderos continuaban solicitando requerimientos a la corona española para el reparto de encomiendas. También solicitaban la presencia de curas mercenarios y comenzaban a construir la primera iglesia en la cercanía de la población *Chachacalla*, actualmente conocida como *Parancay*, en el año 1570, según la línea de tiempo.

Esta primera iglesia se encuentra ubicada a un kilómetro de la población *Chachacalla* y a pocos metros del actual centro poblado *Parancay*, hoy anexo del distrito de Yanaca. La distancia desde Yanaca hasta la iglesia de Parancay es de 5 kilómetros. Inmediatamente después emprendieron la construcción de la casa cural para curas y monjas, la iglesia, la torre campanario.
En este periodo llegó el cura Martín de Murúa en el año 1560, según relatos, el cura aprendió rápidamente aimara y quechua, y fue asignado a diversos pueblos adyacentes. Fue doctrinario de *Capa Chica* y cura en *Huanta* y Huarina, a orillas del lago Titicaca. También fue vicario de la provincia de Aymaraes donde tuvo un entredicho con el cronista Felipe Guamán Poma de Ayala, quien lo acusó de haber intentado quitarle a su mujer: *Mira, cristiano, todo a mí se me ha hecho, hasta quererme quitar mujer un fraile llamado Murúa en el pueblo de Yanaoca (en vez de Yanaca).*

El principal objetivo de la invasión española fue la extracción de minerales como el oro, plata, etc. Por ello, dieron poca importancia a otros sectores de la economía durante su dominio, en consecuencia la actividad decayó, además se prohibió el cultivo de la uva y el olivo para evitar la competencia. Al mismo tiempo, los españoles fomentaron la propiedad privada, reemplazando el sentido comunitario y colectivista del incanato, donde el único dueño de las tierras era el Estado, y los habitantes solo las poseían en usufructo.

Los españoles instauraron obrajes en el Perú en 1545 por iniciativa de Antonio de Rivera. Comenzaron recogiendo las preciosas telas incaicas y despachándolas al rey de España. Luego contrataron a habitantes de la zona para que hilaran lana de vicuña y posteriormente trajeron ovejas para criarlas en las punas peruanas. La producción manufacturera en estos obrajes era variada, además de tejidos de lana y algodón, también fabricaban sogas de cabuya y cáñamo.

Los repartimientos era una modalidad de trabajo en la que los indígenas eran repartidos en beneficio de los invasores. Posteriormente, fueron reemplazados por las encomiendas. Las encomiendas establecidas por los invasores en 1534, eran una institución socioeconómica en la que un grupo de individuos debía retribuir a otro mediante trabajo u otros medios a cambio de disfrutar de un bien o servicio, como la fundación de una ciudad, etc. La encomienda establecía una relación de dependencia y esclavitud.

En 1555, el rey de España advirtió los excesos cometidos por los españoles sobre la población peruana. Ante esta situación, el encomendero Francisco Hernández Girón se rebeló contra la autoridad real debido a las nuevas leyes que protegían a los indígenas de los abusos de los encomenderos.

Durante los años de resistencia, desde 1532 hasta 1602, los nativos de Yanaca fueron sometidos a tortura por sus creencias en las huacas y cerros sagrados. Nuestros hermanos eran castigados y sometidos a la Santa Inquisición por idolatría, en respuesta, los nativos reemplazaron sus creencias en las huacas por la veneración a los Apus, dándole otra imagen a Dios y los santos.

Fueron forzados a la adoración cristiana, cuando su cosmovisión originaria se basaba en la interrelación entre el hombre y la naturaleza, una convivencia armónica y de respeto mutuo hacia su entorno, los astros y sus ancestros.

Se impuso la filosofía occidental, pese a ello, la población andina no olvido sus tradiciones y costumbres, el uso de instrumentos musicales, cantos y harawis que perduran hasta el día de hoy.

Los españoles trajeron imágenes de apóstoles como patronos de los pueblos. En Yanaca, el apóstol Santiago se convirtió en el patrono principal, mimetizándose con los Apus tutelares, a quienes se les concedió poder místico. Los visitadores españoles, como Don Juan Antonio de Urra y Don Ignacio Zola de Castillo, otorgaron títulos de composición territorial al pueblo de Yanaca en 1700.

Algunos títulos de propiedad comunal fueron expedidos por visitadores españoles, reconociendo la existencia y dominio territorial de las comunidades indígenas. Autores como José María Arguedas y José Carlos Mariátegui afirmaron que el término comunidad derivaba del ayllu, basado en las normas de los

Incas. Las comunidades indígenas en Perú eran muy diferentes en estructura y organización, y el término *indio* tenía connotaciones peyorativas lo cual reforzaba la marginación de los nativos.

La discriminación racial en el pueblo de Yanaca

De acuerdo con Josef Esterman[5], la opresión de los invasores españoles estaba reforzada por la mística occidental que buscaba imponer arbitrariamente paradigmas opuestos a los andinos, pasando de una cosmovisión colectiva y recíproca a una individualista occidental. Ante ese avasallamiento cultural e ideológico Esterman propone que es un deber de los intelectuales reivindicar la cosmovisión y la cultura nativa como una manera de devolución de lo propio, maltratado, negado y supuestamente extinguido. Esto es muy vigente en un contexto en el que el pueblo andino, que sufre las consecuencias de la globalización, víctima del mercado y del imperialismo cultural.

El mundo andino concebía la vida como un todo, donde nada estaba aislado. El uso que hacía de sus recursos estaba basado en el respeto a sus divinidades, como los astros (el sol y la luna), y a los recursos naturales como el suelo y el agua (Mama Pacha y Yacumama). Incluso los seres inanimados eran venerados.

Como consecuencia de la invasión española, se impusieron nuevas tradiciones y costumbres. Durante el Virreinato, esta discriminación se evidenció con la

5 Esterman, Josef. "Filosofía Andina: sabiduría indígena para un mundo nuevo". (Quito).1998

denominación que se les dio a nativos llamándolos indios y cholos. Se les consideraba inferiores frente a los españoles y criollos durante la época virreinal, durante toda la etapa colonial, sin cambiar esta situación en la llamada era republicana.

La comunidad indígena de Yanaca adoptó una organización impuesta por los españoles. Sus autoridades, que colaboraban con los alguaciles españoles encargados de cobrar los tributos, recibieron nombres de curacas y varayoc. Estas autoridades impuestas, eran renovadas en el mes de enero en una ceremonia llamada *Vara Muray* (cambio de mando). No solo se encargaban de vigilar y mantener el orden, sino que se convertían en otro opresor más. Esta modalidad no solo se aplicaba en Yanaca, sino en todas las comunidades indígenas, donde el pago de tributos era obligatorio. Sin embargo, no todos los asentamientos humanos tenían los mismos derechos, algunos estaban exentos.

Esta discriminación continuó durante generaciones desde 1532 hasta 1821, y continuó posteriormente en la etapa de la república. Los dueños de grandes fundos se convirtieron en los nuevos terratenientes del Perú, como lo ilustra la película *Allpakallpa*. En esta obra, actores como Tulio Loza y el escritor José María Arguedas retratan esta realidad.

En los pequeños pueblos y caseríos ocurrían agravios constantes, y el complejo de inferioridad asociado al término *indio* se acentuaba. Las personas de tez blanca eran muy bien vistas tanto en la ciudad como en el campo, incluso después del régimen virreinal. Tras la derrota española, los criollos y sus descendientes ocuparon el poder político, cambiando la forma de gobernar, pero no el fondo. Bajo estas condiciones las autoridades sometieron a las comunidades indígenas, estos sojuzgadores usualmente pertenecían a los descendientes de españoles.

En Yanaca, los gamonales cometían abusos según reportes de los señores Avendaño y Mejía, líderes defensores de la comunidad indígena de Yanaca. Estos líderes, residentes en Lima, fundaron la institución *Centro Juventud Hijos de Yanaca* y organizaban la defensa de su pueblo natal, intercediendo entre las autoridades del Estado y la población indígena.

En cuanto a la apropiación de las mejores tierras, por ejemplo, en *Mallquipunco* en Yanaca, los cercos fueron trabajados en servidumbre. Las prestaciones personales de trabajo gratuito continuaron, aunque con ligeras variaciones, y las autoridades obligaban a trabajar gratuitamente a los pobladores nativos. Si no se cumplían con estas obligaciones, las autoridades expropiaban animales o tierras de cultivo a los campesinos si se resistían eran enjuiciados por desobediencia. Este sistema permitía a las autoridades acaparar las mejores tierras, desposeyendo a los pobladores.

Sin embargo, el movimiento de líderes indígenas luchó contra estas injusticias. Los comuneros organizados junto a sus líderes buscaron la preservación de las tierras comunales esta es una de las principales razones por la que en Yanaca no se formaron latifundios de gran extensión.

Para finalizar haré énfasis sobre la denominación del pueblo de Yanaca, según mi investigación fueron los invasores españoles quienes dieron el nombre de

Yanacceños a los pobladores originarios del actual distrito de Yanaca, ubicado en el departamento de Apurímac. Los invasores sorprendieron a los nativos bebiendo chicha negra, elaborada de maíz morado; por eso les pusieron el nombre de los *Yanacceños: Yanacca*, de donde se desprenden las dos voces quechuas *Yana*: negra y Acca: chicha.

Por gentilicio *Yanacceño*, suprimiendo las letras de la consonante *c* y la vocal *a*, se obtiene *Yanaca*.

Mapa político de la provincia de Aymaraes

Evolución histórica de Yanaca

Demarcación de linderos

En 1945, durante los constantes enfrentamientos entre Yanaca y Saraica, ambas comunidades tramitaron su reconocimiento ante el Ministerio de Justicia y Trabajo, Dirección de Asuntos Indígenas, hoy Ministerio de Agricultura. Como parte de sus requerimientos, adjuntaron el censo agropecuario y el censo poblacional.

SEÑOR JUEZ DE PRIMERA INSTANCIA DE LA PROVINCIA DE AYMARAES Y ANTABAMBA.
S.J.

José Cárdenas, vecino del pueblo de Yanaca del distrito de Tapayrihua y síndico de ese concejo distrital; de precaria residencia en ésta; ante Ud. Con el debido respeto me presento y digo:

Que autorizado por el H. Concejo distrital que pertenezco y facultado por la segunda parte del artículo 355 del código de enjuiciamiento.

Problema de lindero de pueblos vecinos. Cada uno de los habitantes, busca conveniencia de acuerdo con sus intereses grupales para ampliar su territorio abarcando más tierras de los pueblos vecinos; allí donde explota el conflicto unos, pleiteando; otros en defendiendo lo que le pertenece.

El interactuante; en el caso de zona urbanas es el Alcalde y autoridades que le asisten asumir esas funciones; en el caso campesino el representante legal es presidente de la comunidad o personero legal y estando en confusión los límites de los pueblos de Yanaca y Saraica y otros intermediarios para evitar usurpaciones de ambas partes, que continuamente ocasiona conflictos entre colindantes, es indispensable un deslinde parcial en forma que haga conocer a todos sus legítimos derechos y siendo indispensable ese deslinde, a Ud. suplico y pido se sirva decretar el deslinde fijado día y hora y ordenar por exhorto sea notificado el síndico residente en Saraica Don Cornelio Campana; pero como el señor Campana se encuentra de mi distrito, Ud. Se servirá exhortar al Acalde de mi concejo señor Arenas para que se nombre un personero por parte de Saraica en reemplazo del síndico ausente, además se servirá asistir al deslinde que pido. También a Ud. se servirá hacer notificar por exhorto a los colindantes hacendados señor Luis N. Guzmán y Hermógenes Prada, los que deberán presentar sus respectivos títulos.

Otrosí. -Que tratándose del deslinde de comunidades los gastos deben ser subsanados por ambas partes como los preceptúa el artículo mil ciento treinta y seis del código de enjuiciamiento civil.

Otrosí. -Nómbrese por parte del pueblo de Yanaca como a peritos a don Matías Sierra, y A don Mariano Velázquez. A Ud. Sé servirá aceptarlo como está mandado por la Ley y es de Justicia.

Chalhuanca 12 de agosto 1903.
Firma José Cárdenas.

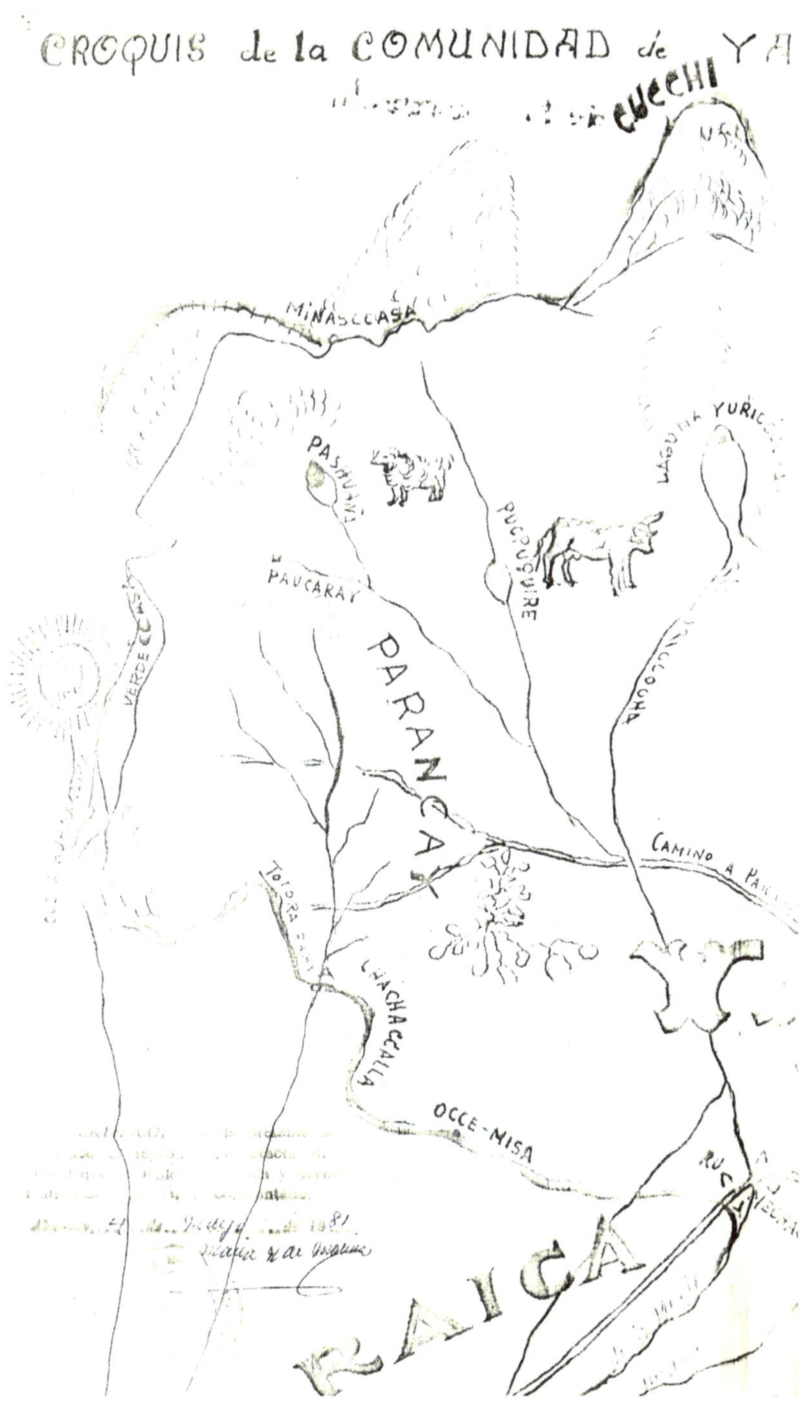
CROQUIS de la COMUNIDAD de YA
CUECHI
MINASCCASA
PASHUANI
LAGUNA YURIC
PUCPUQUIRE
PAUCARAY
VERDECCASA
PARANCA
CAMINO A PA
TOTORA
CHACHACCALLA
OCCE-MISA
RAICA

PRESENTADO Por el Sr. Personero gestor
A
Punas de Pisquicocha
CHALHUANCA
PAYRACA
RÍO PALLCCA
RÍO
RÍO TUNYARI
RÍO PARCCOS
RÍO

INFORME cuarentiocho 48

Ministerio de Justicia y Trabajo

Relativo al Reconocimiento Oficial de la Comunidad de "YANACA".-

Señor Director de Asuntos Indigenas

Señor Director:

En cumplimiento al Decreto Directorial de fecha 9 de enero de 1945 por el que se me comisionaba constituirme a la Comunidad de "Yanaca" a fin de organizar los datos estadisticos i formular los demás requisitos para el reconocimiento Oficial de la comunidad; asi como tambien presida la eleccion de Personero Gestor, el informante, ha cumplido dicha disposición de la siguiente manera:

ELECCION DE GESTOR

Segun el acta que se acompaña i en la elección que pesidió el informante resultaron elegidos por mayoria, para Personero Gestor en Lima LUIS SEGOVIA SIERRA i para personero Gestor con residencia en Yanaca JORGE OSCAR NEIRA QUIROZ.- Los candidatos para la elección de Gestor con residencia en Lima fueron:

Luis Segovia Sierra	con	63	votos
Raymundo Velasquez A.	"	57	"
Francisco Sierra A.	"	16	"

Obteniendo mayoria el primero de los signados.- I para Personero Gestor con permanencia en Yanaca, intervinieron los candidatos que con sus respectivas votaciones se ennumera más adelante:

Jorge Oscar Neira Quiroz	con	56	votos
Exaltacion Sierra Quiroz	"	41	"
Enrique Segovia Mejia	"	22	"
Wenceslao Villafuerte Meza	"	11	"
Leoncio Cardenas Conde	"	6	"

Resultando elegido por mayoria JORGE OSCAR NEIRA QUIROZ.- La elección de dos personeros, uno de ellos con residencia en Lima i otro en Yanaca, tiende a simplificar los procedimientos de comparesencia de los gestores haciendo más viable las trámitaciones consiguientes; salvo el caso que la Superioridad determine lo mas conveniente con mejor parecer.

INSTALACION DE LA JUNTA DIRECTIVA

De acuerdo al procedimiento electivo, se instaló la Junta Directiva cuya diligencia se ha hecho constar en el acta del 12 de abril del año en curso que se acompaña a este informe i cuyo cuadro es el siguiente:

Presidente.-	Exaltación Sierra Quiroz
Vocal	Enrique Segovia Mejia
"	Wenceslao Villafuerte Meza
Tesorero	Manuel Sixto Quispe Gomez
Fiscal	Leoncio Cardenas Conde

Ministerio de Justicia y Trabajo

- Dos-

cuarentinueve 49 49

ACTA I DOCUMENTOS DE LA ELECCION

Para mayor abundamiento i mejor ilustración se acompaña al informe el acta relativo a la samblea de electores i otros datos donde están consignados las cosas del proceso de eleccion e instalación de la Junta Directiva.

DATOS ESTADISTICOS

Se han formulado de acuerdo a las disposiciones en vigencia i se acompañan tambien a este informe; cumpliendo asi con lo ordenado por la Dirección.

EXISTENCIA DE LA COMUNIDAD

Por haberse extraviado la titulación o documentos concernientes sobre la formación de la comunidad de "Yanaca" (Sobre cuya pérdida se está siguiendo un expediente especial) no me ha sido posible establecer el origen de dicha comunidad i solo tengo que limitarme a datos e informes suministrados por personas estudiosas i competentes de Chalhuanca, que aseveran que la formacion de la comunidad de "Yanaca" data del año de 1,700. Por otra parte , esos datos deben considerarse verosimiles ya que los aspectos, condiciones, usos, costumbres i servidumbres actuales evidencian la existencia inmemorial de dicha comunidad.

"Conclusion"

1°.- De conformidad a lo dispuesto se ha efectuado la eleccion de Personero Gestor, resultando elegidos para actuar en Lima, don LUIS SEGOVIA SIERRA i para actuar en Yanaca don JORGE OSCAR NEIRA QUIROZ

2°.-La Junta Directiva, se ha instalado de acuerdo a las disposiciones del caso dejando constancia de esa diligencia en acta de 12 de abril que se acompaña al informe.

3°.- El estudio de los documentos que se acompañan,además de ilustrar sobre los procedimientos adoptados,son cosntancias que denuncian la legalidad de los actuados.

4°.- En cuanto a la existencia de la Comunidad de"Yanaca",de acuerdo á mis expreciones anteriores, investigaciones i datos obtenidos; así como tambien por los sistemas i demás cuestiones de caracter comunitario que se observa,determinan la existencia de la Comunidad.

5°.- En vista de las conclusiones i contenidos de mi informe, soy de opinion que procede el reconocimiento e inscripcion Oficial de la Comunidad de Yanaca, salvo mejor parecer de la superioridad.

Lima a 21 de Mayo de 1945

J. R. Vidal

Jorge R. Vidal
Inspector Regional de Indigenas

Cuarenticuatro 44

INFORME

Relativo a la reclamacion ó queja de la Comunidad de "Saraica"

Señor Director de Asuntos Indigenas

Ministerio de Justicia y Trabajo

Sr. Director:

Dando cumplimiento a lo dispuesto en el Decreto de esa Direccion en el telegrama remitido por el Personero de la Comunidad de "Saraica", tengo el honor de informar á Ud. lo siguiente:

1º.-La queja del personero de Saraica es infundada, toda véz que el informante se ha constituido a los mismos terrenos de la Comunidad de "Yanaca" (Provincia de Aymaraes) para solucionar los asuntos referentes a dicha comunidad é investigar ó constatar si procede ó nó el Reconocimiento Oficial de esa comunidad.

2º.-"SARAICA" se encuentra a una distancia de tres leguas del pueblo de "Yanaca" por esa razon el suscrito envió una citación especial á la comunidad de "Saraica" para estubiera presente en Yanaca á fín de plantear o determinar las cuestiones relativas como colindante de "Yanaca".-Sin-embargo, habiendo estado el suscrito cuatro dias en Yanaca, no compareció nadie de "Saraica" mediando sobre todo una distancia tan corta.

3º.-Dentro de las formalidades del caso, el Informante ha cumplido con citar a "Saraica" para que en su calidad de colindante de "Yanaca" estubiera presente en las diligencias que se efectuaran. Esto quiere decir que el personero de "Saraica" procede en forma maliciosa pretendiendo sorprender a la Dirección quejandose de un supuesto incumplimiento a las disposiciones dictadas por la superioridad.

4º.-En cuanto a las instrucciones emanadas de la Dirección en el contenido del telegrama Nº 181, para que el suscrito atendiera el caso de "Yanaca" i"Saraicay debo manifestar a Ud. señor Director, que dicho telegrama no llegó a mí con su debida oportunidad;pues, debe haberse rezagado en Abancay mientras estube en la Provincia de Aymaraes.- Por otra parte, recien he sido enterado de su tenor o mejor dicho a mi llegada á Lima.

5º.-Aun no conociendo las instrucciones de la Direccion, el Funcionario informante, para allanar las cuestiones relativas a "Yanaca", cumplió con citar a los de"Saraica", pero estos no comparecieron para despues adoptar este temperamento que considero malicioso.

Es todo cuanto tengo el honor de informar á Ud. para sus debidos efectos.

Lima a 25 de Mayo de 1945.

J. R. Vidal
Jorge R Vidal
Inspector Regional de Indigenas.

Cincuenticinco
55

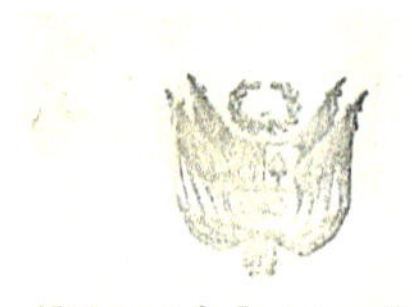

Ministerio de Justicia y Trabajo

Lima 5 de Noviembre de 19[illegible].-

Of. [illegible]402

Sr. Representante de la comunidad de "YANACA"

Tapairihua Via-Aymaraes.

Se ha expedido el siguiente decreto:

"[illegible] en conocimiento del [illegible] Sección [illegible] 1.- [illegible] Dirección [illegible]"

Sr. Director: La comunidad de indígenas de "YANACA", distrito de Tapairihua, de la provincia de Aymaraes, ha solicitado el reconocimiento de su personería jurídica y su inscripción en el Registro correspondiente. Del informe emitido por el Inspector comisionado se desprende que la comunidad recurrente tiene existencia inmemorial y posee patrimonio agrario de aprovechamiento en común siendo exactos los datos estadísticos acompañados a este expediente. Por el deslinde judicial que corre a fs. [illegible] del expediente agregado y que se refiere a la pérdida de los títulos originales se aprecia que la comunidad de Yanaca" posee tierras de su propio dominio aun cuando parte de ellas se halla, en litigio con la comunidad de SORAYCA de la misma provincia., Puede otorgarse el reconocimiento solicitado dejando a salvo el derecho de dominio sobre las tierras reclamadas por la comunidad de Sorayca; pero como cuestión previa para este reconocimiento de la comunidad recurrente presentar un croquis de las tierras de su propiedad , como lo exige el Decreto Supremo de 24 de Junio de 1938 Salvo mejor parecer. Lima 16 de Octubre de 19[illegible].- Firmado: José Rafael Pareja.

Que comunico a Ud. para su conocimiento y fines consiguientes.

Dios guarde a Ud.

Manuel D. Velasco Nuñez.
Jefe de la Sección Administrativa.

MINISTERIO DE JUSTICIA Y TRABAJO

DIRECCION GENERAL DE ASUNTOS INDIGENAS

Cincuentinueve 2000/46

59

Lima, 30 de mayo de 1946.

Informe el Jefe del Departamento de Organización y Economía Comunal.

José Rafael Pareja,
Director General de Asuntos Indígenas.

Señor Director:

Habiendo cumplido la comunidad de indígenas de "YAMACA", del distrito de Tapayrihua, de la provincia de Aymaraes, con presentar el croquis de las tierras de su propiedad, ordenado por el Departamento Legal en su informe de 18 de octubre de 1945; el suscrito opina porque procede el reconocimiento oficial de dicha comunidad. Salvo mejor parecer.

Lima, 30 de mayo de 1946.

Germán A. Córdova,
Jefe del Departamento de Organización
y Economía Comunal.

Lima, 1°. de junio de 1946.

Vistos los informes de los Departamentos del Ramo, formúlese el correspondiente proyecto de resolución y elévese al Acuerdo Supremo.

José Rafael Pareja,
Director General de Asuntos Indígenas.

MINISTERIO DE JUSTICIA Y TRABAJO
DIRECCION DE ASUNTOS INDIGENAS

2000
46

Dirección de Asuntos Indígenas
Lima 13 de Setiembre de 1946
Registrado a fojas 98

60

Resolución Suprema

Lima, 13 de Setiembre de 1946

Visto este expediente, relativo al reconocimiento e inscripción oficial de la comunidad de indígenas de "YANACA", del distrito de [illegible]yrihua, de la provincia de Aymaraes, del departamento de Apurímac, y

CONSIDERANDO:

Que en su tramitación se han cumplido las disposiciones reglamentarias contenidas en el artº. 6º. del Decreto Supremo de 24 de Junio de 1938;

Estando a lo informado por los Departamentos del Ramo y a lo opinado por el Director General de Asuntos Indígenas; de conformidad con el artº. 207 de la Constitución del Estado;

SE RESUELVE:

1º.- Reconócese la existencia legal y personería jurídica de la comunidad de "YANACA" e inscríbasela en el Registro oficial de la Dirección General de Asuntos Indígenas, del Ministerio de Justicia y Trabajo;

2º.- La presente resolución no afecta los derechos que otras comunidades o particulares pudieran tener sobre la propiedad de las tierras que se encuentren comprendidas dentro de las zonas consideradas por la mencionada comunidad como de su exclusivo dominio.

Regístrese y comuníquese.

Rúbrica del señor Presidente de la República.

BIELICH.

MINISTERIO DE JUSTICIA Y TRABAJO
DIRECCION GENERAL DE ASUNTOS INDIGENAS

Lima, 21 de setiembre de 1946.

Of. Nº. 587.

Señor Prefecto de Apurímac.
Luis Segovia- personero-gestor de Yanaca.
Jorge Oscar Neira- id - id. id.

Se ha expedido la siguiente resolución supr[illegible]

"Lima, 13 de setiembre de 1946.- Visto este expediente, [illegible]
al reconocimiento e inscripción oficial de la comunidad de [illegible]
genas de "YANACA", del distrito de Tapayrihua, de la provincia
de Aymaraes, del departamento de Apurímac; y- CON[illegible]
en su tramitación se han cumplido las disposiciones [illegible]
contenidas en el Art°. 6°. del Decreto Supremo de 24 de ju[illegible]
de 1938;- Estando a lo informado por los Departamentos del [illegible]
mo y a lo opinado por el Director General de Asuntos Indí[illegible]
de conformidad con el Art°. 207 de la Constitución del Est[illegible]
SE RESUELVE:- 1°.- Reconócese la existencia legal y perso[illegible]
jurídica de la comunidad de "YANACA" e inscríbasela en el [illegible]
tro Oficial de la Dirección General de Asuntos Indígenas, [illegible]
Ministerio de Justicia y Trabajo;- 2°.- La presente resolu[illegible]
no afecta los derechos que otras comunidades o particulares [illegible]
dieran tener sobre la propiedad de las tierras que se enc[illegible]
comprendidas dentro de las zonas consideradas por la [illegible]
da comunidad como de su esclusivo dominio.- Regístrese y [illegible]
quese.- Rúbrica del señor Presidente de la República.-[illegible]

Que trascribo a Ud. para su conocimiento y [illegible]

consigüientes.

Dios guarde a Ud.

JOSE RA[illegible] PAREJA
Director General de Asuntos Indígenas.

pch.

El 20 de agosto de 1903 ocurrió un conflicto Inter lindero entre el pueblo de Yanaca y su anexo Saraica. El deslinde fue realizado por la oficina de la Subprefectura de la Provincia de Aymaraes, Apurímac.

Este conflicto motivó a la comunidad de Yanaca a solicitar el deslinde judicial a través de su autoridad, el *síndico de rentas* don José Cárdenas, quien en 1903 pidió formalmente el deslinde al juez de Primera Instancia de Aymaraes y Antabamba. El documento de solicitud, que se encuentra en los archivos del Ministerio de Agricultura en Abancay, dice textualmente:

Como síndico de rentas de Yanaca, pido el deslinde de esta con el pueblo de Saraica y hacendados[6].

Presentada y aprobada la solicitud el Juez de Primera Instancia ejecuta el pedido, dando órdenes a los Jueces de los pueblos, con quien existe constantes problemas de tierras tales como con Saraica ex hacienda Oscca; propiedad de la familia Oscca, después convertida en pueblo.

El pueblo de Yanaca solicitante del deslinde, a través de su síndico de rentas, quienes al recibir las órdenes del Juez formaron una comisión integrada por tres miembros encabezado por el Juez del distrito, llegaron al pueblo de Saraica, notificándoles en cumplimiento de las órdenes del Juez de la provincia para realizar el deslinde.

6 Fuente transcrita de los archivos del Juzgado de Aymaraes.

Proceso judicial entre pueblos: de Saraica Yanaca

El pueblo de Saraica quienes rehusaron firmar, incitados por sus autoridades locales. Al regresar a Yanaca capital del distrito de Tapayrihua el Juez y la comisión dieron cuenta de la negativa. El Juez provincial viaja a practicar el mencionado deslinde el día 20 de agosto 1903, notificada ambos pueblos se constituyen en el lugar *Ccalamocco Yanaca*, donde se levanta el acta de deslinde que transcribimos textualmente a continuación:

A los veinte días del mes de agosto de 1903, en cumplimiento del auto; de trece del que cursa y previas las diligencias del caso el Juez de la primera instancia de la provincia doctor Don Eduardo Guevara asociado del Gobernador del distrito don Hermógenes Prada, teniente Gobernador del pueblo de Yanaca don Lucas Flores, Síndico de Gastos del Concejo Distrital de Tapayrihua Don José Cárdenas, Juez de paz Don Nazario C. García vecinos principales el enunciado pueblo Don Luis n. de Guzmán, Apolinario Velásquez, Hermenegildo Casa franca, Mario Morales, Ciriaco Mora, Juan Cansío Ramos, Mariano Gamarra, Clemente Villafuerte, Mariano Cárdenas, Eulogio Espinoza, y otros muchos que al final suscriben y por parte del pueblo Saraica: Teniente Gobernador Don Lucio Segovia, Juez de Paz Don Antonio Flores, Agente Municipal Don Marcelo Villafuerte, vecinos principales Son Mariano Leoncio, Don Fernando Olazábal, Ricardo Villavicencio, Juan y Domingo Flores, Julián Soria, Mariano Callalli, Aniceto Villafuerte y otros muchos: Peritos nombrados de parte de la comunidad de Yanaca Don Matías Sierra y Don Mariano Velázquez que asistidos porlos actuarios que suscriben a falta de escribano, y siendo horas doce del día (...)[7].

Prosiguió el referido señor Juez en lugar denominado *Calamoco Yanaca,* lugar aparente para distinguir los puntos cardinales y señalar los limítrofes entre los pueblos *Yanaca y Saraica*: Se dio principio al acto del deslinde previo conocimiento de la identidad del fundo *Saraica,* con lectura del expediente de la materia, recibiéndose inmediatamente con la solemnidad del caso el juramento de ley a los indicados peritos Sierra y Velásquez, que manifestaron no tener impedimento para llenar su cometido presente los títulos al pueblo de *Yanaca,* se exigió a los de Saraica que manifestaran los pertenecientes a dicho pueblo, al agente municipal Marcelo Villafuerte, y vecino principal Don Mariano Villafuerte dijeron que *Saraica* no poseía título de real composición, en traslado testimoniado expedidos por los visitadores Don Juan Antonio de Urra y Don Ignacio Zola de Castillo mil setecientos años, estando determinados los límites o linderos de y límite territorial del pueblo de *Yanaca* hasta antes 1900, 1901,1903

Yanaca, comenzando por el lugar nombrado *Colpa,* corre por el río grande hasta dar *Caraybamba* y *Macallapa,* limitando con las tierras de *Pacsica,* subiendo por la cuchilla del cerro *Supamarca* continua por la cuchilla a dar a *Achancilo, Achoccanta, Tunapita,* y *Cucchi,* sigue con las tierras de ayllu *Ccollana,* que mojona con la laguna de *Yoricocha, Poccpoquiri y Ninaccasa* y corriendo por la altura a un mojona llamada *Pararccocha, Huanacuma, Totorapampa y Chachacalla,*

7 Chalhuanca Veintiuno de setiembre de mil novecientos tres.

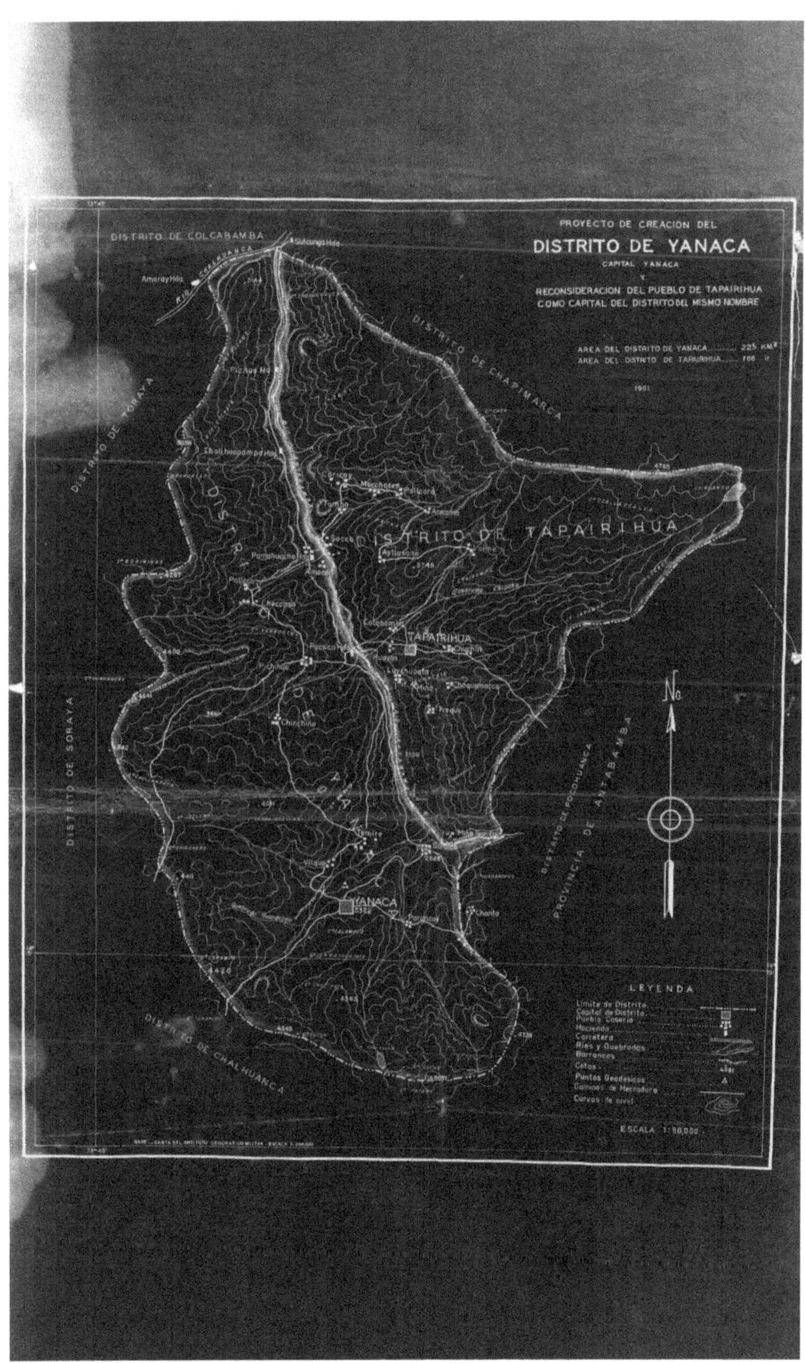
PROYECTO DE CREACION DEL
DISTRITO DE YANACA
CAPITAL YANACA
Y
RECONSIDERACION DEL PUEBLO DE TAPAIRIHUA
COMO CAPITAL DEL DISTRITO DEL MISMO NOMBRE
AREA DEL DISTRITO DE YANACA.......... 225 KM²
1961
DISTRITO DE COLCABAMBA
DISTRITO DE CHAPIMARCA
DISTRITO DE TAPAIRIHUA
DISTRITO DE SORAYA
DISTRITO DE CHALHUANCA
PROVINCIA DE ANTABAMBA
TAPAIRIHUA
YANACA
LEYENDA
Limite de Distrito
Capital de Distrito
Hacienda
Carretera
Rios y Quebradas
Barrancos
Cotas
Puntos Geodesicos
Curvas de nivel
ESCALA 1:50,000

Chachacalla, viendo a dar a *Uscca,* habiéndose dado una vista de ojos en toda la circunvalación.

Practicada el deslinde, los comuneros de *Yanaca* presentan otra solicitud con fecha veinte de setiembre de 1903 pidiendo su reconocimiento legal del deslinde, el Juez notificó al pueblo de *Saraica* para su observación, transcurrida de veinte días no presentando ninguna observación en la fecha dada dio por aprobada el mencionado deslinde al no encontrar ninguna oposición de este pueblo de *Saraica.*

Por presentado, no estando contra dicha el acta del deslinde practicado por el personal del Juzgado del veinte del mes próximo pasado, para cuyo fin se recorrió el respectivo trasladó en veintiuno del citado mes, habiendo vencido el término con exceso para cualquier reclamo sobre dicha diligencia Judicial ;como solicita el ocurrente y de conformidad con el artículo trescientos sesenta y siete del código del enjuiciamiento civil apruébese en todas sus partes la anunciada acta del deslinde, verificando entre las tierras de comunidad de los pueblos *Yanaca* y *Saraica,* en consecuencia devuélvase a los interesados el presente expediente y los títulos del mencionado pueblo de *Yanaca* para los usos que los convenga, debiendo para el acto de la posesión sujetarse al croquis presentados por los peritos designados por síndico ocurrente.

Años después acontece un enfrentamiento por tierras comunales provocada por los comuneros de *Saraica,* esta comunidad habría decidido en el cabildo abierto roturar en las tierras de propiedad *Yanaca.* Enterados de estos acuerdos los comuneros de *Yanaca* convocan a una asamblea general bajo la representación de sus autoridades locales para ultimar los acuerdos de esta noticia[8]. Ambas comunidades buscan consenso sin lograr acuerdo alguno.

Ante esta actitud de los *saraiquinos*; el síndico de rentas de *Yanaca* declara *Laime* todo el paraje denominado *Pauccaray*; terminando el conflicto con el traslado de los *saraiquinos* por los *yanaquinos* hasta el lugar denominado *Ataccopata*[9] a pocos kilómetros del pueblo de *Saraica*. Prosiguiendo en adelante las acciones judiciales, los yanaquinos patrocinado por un abogado de apellido Rodríguez, quien representó al síndico de rentas de apellido Cárdenas por parte de *Yanaca*.

Mientras el pueblo de *Saraica* presenta una solicitud pidiendo la adjudicación de tierras comunales y tierras con el objetivo de sembrar maíz, dicha solicitud fue denegado por las autoridades correspondientes de la provincia a través de una resolución.

El conflicto entre estos dos pueblos vecinos siempre se mantuvo latente por un lado *Saraica* con la intención de expandir su territorio, ambición no lograda a la fecha. En tanto *Yanaca* empeñados en defender sus tierras comunales enmarcados dentro de su jurisdicción territorial, tal como señala su título de propiedad comunal y amparados por sus posteriores deslindes judiciales de los años 1959 practicado por el ingeniero Moisés Bayona y en el año 1903 practicada con la

---

8 Fuente extraída del libro de actas de la comunidad de Yanaca

9 Información extraída de las declaraciones hechas por comuneros de *Yanaca* en el puesto del guardia civil ubicado en Challhuanca capital de Aymaraes.

intervención del Juzgado de Primera Instancia de la provincia de Aymaraes con sede Chalhuanca, que concluyó con una resolución[10]. Existieron otros conflictos dentro de la comunidad por ejemplo la querella con la familia Neira el 12 de noviembre del año 1934[11].

10 Archivos de juzgado Primera Instancia y en concejo de administración de la comunidad campesina de Yanaca.

11 Archivo de la hemeroteca de Biblioteca Nacional del Perú y publicado en el diario la Crónica el 29 de febrero 1945 página, 19, Lima.

Juicio de la comunidad de Yanaca con la familia Sierras y Merinos

2102/59

MINISTERIO DE TRABAJO
Y
ASUNTOS INDIGENAS

DIRECCION DE

28

Resolución Directoral No 371

Lima, a 12 de setiembre de 195[illegible].-

Visto el expediente de reclamo organizado por el Personero Legal de la Comunidad de Indígenas de YANACA, contra Celedonio, Justina, Emilia, Alejandro, Exaltación, Epifanio y Federica Sierra Quirós, sobre apropiación del terreno denominado "Llullasa", integrante del patrimonio de dicha Comunidad, jurisdicción del distrito de Tapayrihua, Provincia de Aymaraes, Departamento de Apurímac; y

C O N S I D E R A N D O :

Que en la diligencia de Junta de Conciliación a que fueron convocadas las partes, cuya Acta corre a fs. [illegible] de fecha [illegible] de marzo último y realizada con intervención del Inspector de Asuntos Indígenas de la Provincia de Aymaraes, no ha sido posible que las partes pudieran arribar a una solución definitiva y satisfactoria del diferendo, limitándose a establecer un statu-quo posesorio mientras la Dirección General del Ramo, a cuya jurisdicción se sometió, pronuncie Resolución;

Que en la diligencia en referencia los demandados ofrecieron acreditar el derecho de dominio que les asiste sobre las tierras cuestionadas, concediéndoseles para tal efecto el plazo de 90 días y, no obstante haberse vencido con exceso dicho término, como consta de autos, los citados demandados no han cumplido con acreditar los supuestos derechos invocados, por cuanto, los documentos simples de fs. 9 a 11 presentados no constituyen título y carecen de valor probatorio;

Que del mérito de lo actuado e informe emitido por el Inspector de Asuntos Indígenas de la zona, aparece, que las tierras de reclamo son comunales y de aprovechamiento en común, constituyendo por lo tanto, la pretensión de los demandados, un acto usurpatorio en agravio del patrimonio comunal que no ha sido desvirtuado;

Estando a las consideraciones expuestas y de conformidad con lo opinado por la División de Servicios Jurídicos;

S E R E S U E L V E :

Declárase fundado el reclamo de fs. uno interpuesto contra Celedonio, Justina Sierra Quirós y otros, sobre apropiación del terreno denominado "Llullasa", por el Personero Legal de la Comunidad de "Yanaca" y, en consecuencia, ampárase a ésta en la posesión y dominio de dicho bien, sin perjuicio de los derechos que en condición de miembros de la misma Comunidad tengan los citados demandados en el aprovechamiento y usufructo del mismo; dejándose a salvo, [illegible], su derecho para que, de [illegible], lo hagan valer conforme a ley.- Hágase saber.-

[illegible] SALGUERO
Director Gral. de Asuntos Indígenas

2440 / 60

MINISTERIO DE TRABAJO
Y
ASUNTOS INDIGENAS

DIRECCION DE 57

Asuntos Indígenas

Resolución Ministerial No. 1471

Lima, 24 de Noviembre de 1960.

Visto el recurso de apelación interpuesto a fs.34,por don Gregorio B. Merino y Gumercindo L.Villafuerte,por sus esposas Emilia Sierra Quiroz y Federica Sierra Quiroz,respectivamente,de la Resolución Directoral de Asuntos Indígenas No.571 de fecha 12 de Setiembre de 1959,recaída en los seguidos por la Comunidad de "YANACA", contra las referidas recurrentes,sobre apropiación del terreno denominado "Llullasa",ubicado en el Distrito de Tapayrihua,de la Provincia de Aymaráes, Departamento de Apurimac; y

CONSIDERANDO:

Que los nuevos elementos de prueba presentados por las demandadas (fs.36-44),en que fundan su derecho sobre el terreno en controversia,se refieren a un documento antiguo de autenticidad no definida y cuya validez ó invalidez corresponde declararla al Poder Judicial, a tenor de lo dispuesto en el Art.405 del Código de Procedimientos Civiles;

Que en consecuencia,los alegados derechos de propiedad sobre las tierras de "Llullasa",no pueden reconocerse por este Ministerio;

Que en cuanto a la posesión de dichas tierras,la viene ejerciendo la comunidad de "Yanaca";

Por tales fundamentos y de conformidad con lo opinado por el Asesor Jurídico:

SE RESUELVE:

Confírmase la Resolución Directoral de Asuntos Indígenas No.571 de 12 de Setiembre de 1959,en cuanto se refiere unicamente al amparo posesorio del bien cuestionado a favor de la comunidad de "Yanaca";revocándose en lo que respecta al dominio del mismo,cuyos derechos se dejan a salvo para que si las partes vieren conveniente lo hagan valer ante el fuero respectivo.

Regístrese y comuníquese.

[firma]

ob/.

Of. 2° 693-D.R.
25-XII-60

GUARDIA CIVIL

13a. COMANDANCIA   PUESTO DE YANACA   71

I N F O R M E   N°. [illegible]

Del   : Sgto.2do. Comandante de Puesto de la GC.

Al   : Señor Sub-Oficial Jefe de Línea de la GC.-De AYMARAES

Asunto   : Emite informe sobre escrito de garantía, presentado ante la Subprefectura, por el Personero Legal de la Comunidad de Yanaca i Oficio N°. 136, procedente del Ministerio de Trabajo y Asuntos Indígenas.

Mi Sub-Oficial:

En cumplimiento a lo ordenado por esa Superioridad, en Decretos Nos. 276 y 326 recaídos en el oficio trascripto por el Ministerio de Trabajo y Asuntos Indígenas i escrito de garantía presentado ante el Despacho de la Sub-prefectura de la Provincia por el Personero Legal de la Comunidad de Yanaca don Nazario Torres Segovia, sobre el particular debo informar a Ud. lo siguiente:----

PRIMERO.-Habiéndose recibido en este Despacho el Of. N°. 13[illegible]-DR el 1[illegible] de Abril último, en el que ordena para hacer conocer la Resolución Directoral N°. 571 de 12 de Setiembre de 1959 i su confirmatoria la Resolución Ministerial N°. 1471 de [illegible] de noviembre de 1960, las Resoluciones en referencia se ha hecho conocer a las personas quejadas Alejandro Sierra Quiróz, Exaltación Sierra Quiróz, Celedonio Sierra Quiróz, Justita Sierra Quiróz, Gregorio B. Merino i Emilia Sierra de Merino, no así a Federica Sierra de Villafuerte, Gumercindo Villafuerte H. i Epifanio Sierra Quiróz, por encontrarse ausentes en la ciudad de Lima, con excepción del último quién se encuentra en el Departamento de Ayacucho; cuya constancia de enterado se acompaña al presente.

SEGUNDO.- Referente al escrito de garantía presentado por el Personero Legal de la Comunidad de Yanaca, don Nazario Torrez Segovia, ante el Despacho del señor Subprefecto de la Provincia, solicitando amplias garantías que le diera la Pareja de la Guardia Civil, para efectuar la roturación de la Comunidad de " Llullasa", confirmando con el Oficio N°. 17 de fecha 29 de abril último con el mismo motivo, se efectuaron las garantías el día primero de los corrientes; Ar[illegible] acto el Personero Legal en referencia, ha convocado a todos los Comuneros a un cabildo abierto para ponerse de acuerdo i luego efectuar el barbecho o roturación de las tierras de " Llullasa", en esa situación se hicieron presentes en dicho cabildo toda la familia de Sierra, encabezado por don Gregorio B. Merino Osorio, todos con síntomas de embriaguéz, este último ultrajó i amenazó a los Comuneros, en el sentido que nadie pisaría en el terreno de " Llullasa", en caso contrario pasaría mayores consecuencias personales, por cuanto que él i sus familiares estaban llanos a quitar la vida a cualquiera, haciendo presente que sobre ese terreno existía título de propiedad en poder de Epifanio Sierra Quiróz, en el Departamento de Ayacucho, con quién para la devolución de dicho título en la actualidad se encuentran en juicio; además solicitando sostener el pleito del terreno de " Llullasa" con los Comuneros de Yanaca, ante la Sala judicial correspondiente, en vista de esta oposición los Comuneros de Yanaca, no han realizado con la roturación de las tierras materia de reclamo; por cuanto en dicho acto no se hicieron presentes todos los Comuneros de Yanaca por encontrarse la mayor parte del lugar de su naturaleza.

Lo que cumplo con informar a Ud. por los fines consiguientes.

Yanaca, 9 de Mayo de 1961.

Sgto.2do.________________
Benedicto Allca Gutierrez.

[illegible]

Lima, 13 de Junio de 1961.

[illegible]

Señor Subprefecto de la provincia de Aymaraes.

En una solicitud presentada por don Marcelino Jiménez Allca, Presidente del Comité de Defensa de la Comunidad de "[illegible]" en los seguidos contra don [illegible] Quiroz y otros de Exp. Nº. [illegible]-B.-60, ha recaído el siguiente decreto:

" Lima, 13 de Junio de 1961.- Visto el escrito de Exp. Nº [illegible]-60; [illegible] nuevamente al Subprefecto de la provincia de Aymaraes, la Resolución Directoral Nº [illegible]71 de 12 de [illegible] de [illegible]9 y en su [illegible] la Resolución Ministerial Nº 1471 de 24 de Noviembre de 1960, a fin de que dicte las medidas convenientes y efectivas [illegible] se dé [illegible] cumplimiento a lo ordenado en las referidas resoluciones; igualmente deberán [illegible] las [illegible] al Juez Instructor de Aymaraes, para su conocimiento y fines consiguientes.-[illegible].- [illegible] DEL [illegible]IO.- Jefe [illegible] de la División de Reclamaciones.- "

Que transcribo a Ud., para su conocimiento y fines consiguientes, adjuntándole las respectivas copias como lo indica el decreto [illegible] antecede.

Dios guarde a Ud.

[illegible]
[illegible]
Ofc. [illegible] División Reclamaciones.-

DISTRIBUCIÓN

Subprefecto prov. Aymaraes
Juez Instructor de Aymaraes
Marcelino Jiménez Allca [illegible] "[illegible]".
Expediente
Archivo

Td.m.

Señor Sub-Oficial Jefe de Línea de la GC.en:CHALHUNACA.

Dv.Nº192-PY/

Mi Sub-Oficial:

Ante el Despacho de esa Superioridad,tengo el honor de devolver el presente Of.Nº 387-DR,procedente de la Dirección General de Asuntos Indígenas-División de Reclamaciones,conjuntamente que las Resoluciones de su referencia Nros.571 y 1471,respectivamente,manifestándole a Ud.que de conformidad,a su Decreto Nº536 que antecede,se ha hecho del conocimiento de los controversistas sobre el terreno denominado "Llullasa",ubicado en la jurisdicción de este Distrito,el tenor del referido Oficio,así como el contenido de las Resoluciones Directoral Y Ministerial,conforme la constanci de enterado suscrita por el demandante y los demandados,las cuales se adjuntan al presente.

Yanaca,5 de Agosto de 1961.

Cabo. [firma]

Marcos Benites Cancho.

En la fecha hé sido enterado por intermedio del Comandante de Puesto de la Guardia Civil de esta localidad, el tenor del Oficio Nro.387.-DR, procedente de la Dirección General de Asuntos Indígenas-División de Reclamaciones, asi como el contenido de latrascripción de las Resoluciones Directoral y Ministerial Nros.571 y 1471 respectivamente, para constancia firmo el presente.

Yanaca, 5 de Agosto de 1961.

Celedonio Sierra Quiróz.

En la fecha hé sido enterado por intermedio del Comandante de Puesto de la Guardia Civil de esta localidad, el tenor del Oficio Nº387.-DR, procedente de la Dirección General de Asuntos Indígenas-División de Reclamaciones, asi como el contenido de la trascripción de las Resoluciones Directoral y Ministerial Nros. 571 y 1471 respectivamente, para constancia firmo el presente.

Yanaca, 5 de Agosto del961.

Alejandro Sierra Quiróz.

En la fecha hé sido enterado por intermedio del Comandante de Puesto de la Guardia Civil de esta localidad, el tenor del Oficio Nº 387.-DR, procedente de la Dirección General de Asuntos Indígenas-División de Reclamaciones, asi como el contenido de la trascripción de las Resoluciones Directoral y Ministerial Nros. 571 y 1471 respectivamente, para constancia firmo el presente.

Yanaca, 5 de Agosto del961.

Exaltación Sierra Quiróz.

En la fecha hé sido enterado por intermedio del Comandante de Puesto de la Guardia Civil de esta localidad, el tenor del Oficio Nº 387-DR, procedente de la Dirección General de Asuntos Indígenas-División de Reclamaciones, asi como el contenido de la trascripción de las Resoluciones Directoral y Ministerial Nros. 571 y 1471 respectivamente, para constancia firmo el presente.

Yanaca, 5 de Agosto de 1961.

Gregorio Merino Osorio .

En la fecha hé sido enterado por intermedio del Comandante de Puesto de la Guardia Civil de esta localidad. el tenor del Oficio Nº 387-DR, procedente de la Dirección General de Asuntos Indígenas-División de Reclamaciones, asi como el contenido de la trascripción de las Resoluciones Directoral Y ministerial Nros. 571 y 14 71 respectivamente, para constancia firmo el presente.

Yanaca, 5 de Agosto de 1961.

Nazario Torres Segovia.

Migración: Centro Juventud Hijos de Yanaca

Los relatos de los primeros migrantes a Lima, fueron desgarradores, ya que los empleadores los contrataban prometiendo pagarles al mes, pero luego les acusaban falsamente de robo de joyas como pretexto para despedirlos. Los comisarios justificaban estas denuncias, ratificando la asociación con los empleadores, quienes encontraban una manera fácil de deshacerse del sirviente. Estos problemas eran relatados entre los migrantes en las reuniones de la institución *Centro Juventud Hijos de Yanaca*, fundada por los primeros migrantes yanaquinas y yanaquinos en la ciudad de Lima.

Al relatar sus experiencias, los migrantes contaban que nada fue fácil lejos de su patria chica, su pueblo de origen. Comenzando por el viaje, en aquellos tiempos no había carreteras para vehículos, solo caminos peatonales, polvorientos senderos, los migrantes debían orientarse de forma autodidacta hacia su destino, sin saber cuánto tiempo tomaría. Al llegar, había que buscar trabajo y ajustarse a un nuevo ambiente social. No era raro encontrar empleo *camas adentro* donde se debía compartir habitaciones con el perro del patrón.

Durante sus salidas los domingos, los migrantes se buscaban para compartir sus tristezas y lamentos. Aunque desempeñaban trabajos de mucamas o muchachos, siempre recordaban a sus familias y a su pueblo natal. Asistían a reuniones convocadas por líderes coterráneos con mucha identidad y amor por su pueblo. Así, en sus días de descanso, acudían a las reuniones convocadas por líderes como Don Adrián Avendaño, Anselmo Mejía, Juan Mejía Mata, Reymundo Velázquez, Ceferino Zavala, Ubaldino Mejía, la señorita Estela Villafuerte Soto y la señorita Mercedes Meza Avendaño. Estos líderes planearon fundar una organización: Centro Juventud Hijos de Yanaca con sede en Lima, la cual representaría a la Comunidad Indígena o Comunidad Campesina de Yanaca con fines mutualistas, de ayuda mutua y defensa contra los constantes abusos cometidos por los grupos dominantes de su mismo pueblo, así como para abordar otros problemas que afectaban a la población.

Estas quejas eran presentadas a la recién creada institución, Centro Juventud Hijos de Yanaca, la cual se encargaba de tramitarlas ante las instancias jurídicas correspondientes.

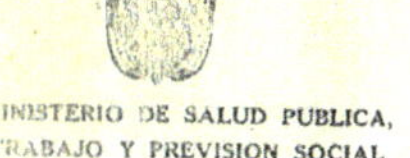

MINISTERIO DE SALUD PUBLICA, TRABAJO Y PREVISION SOCIAL

SECCION DE ASUNTOS INDIGENAS

Veintisiete 27°

DISTRIBUCION GRATUITA.

Datos generales de la comunidad de Yanaca del distrito de Tapairihua de la provincia de Aymaraes del departamento de Apurimac para su reconocimiento e inscripción oficial.

Tiempo de existencia de la comunidad: Mil setecientos años

POBLACION:—

Hombres mayores de edad 354

Hombres menores de edad 353

Mujeres mayores de edad 494

Mujeres menores de edad 320

Total: 1521

ESCUELAS:—

Escuelas Fiscales de varones Segundo grado N° 675

Escuelas Fiscales de mujeres N° 6427

Escuelas Fiscales mixtas no existe

Escuelas particulares no existe

INDUSTRIAS:—

Ninguna

CULTIVOS:—

Maiz, Trigo, Cebada, Avena, Patatas, Ollucos, [illegible] Habas, Ocas, Alverjas, Frijoles, Arboles Frutales, General

EXTENSION SUPERFICIAL:—

Quinientos noventaicinco Kilómetros Cuadrados aproximadamente

TIERRAS DE CULTIVO EN COMUN:—

Doscientos cincuenta Kilómetros Cuadrados aproximadamente

TIERRAS DE PASTOS NATURALES, EN COMUN:—

Trescientos cuarentaicinco Kilómetros Cuadrados aproximadamente

COLINDANTES:—

Huayquipa, Pichihua, Soraya, Pacsaca, Chalhuanca, [illegible]huanca

VIAS DE COMUNICACION CON LA CAPITAL DE LA PROVINCIA:—

Camino Herradura

NUMERO DE FAMILIAS: Seiscientos setentaitres

Siete 17

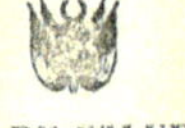

MINISTERIO DE SALUD PUBLICA,
TRABAJO Y PREVISION SOCIAL

DIRECCION DE ASUNTOS INDIGENAS

DISTRIBUCION GRATUITA.

Datos generales de la comunidad de Saraica del distrito de Tapairihua de la provincia de Aimaraes del departamento de Apurímac para su reconocimiento e inscripción oficial.

Tiempo de existencia de la comunidad: inmemorial o de mas de un siglo i medio.

POBLACION:-

Hombres mayores de edad 137

Hombres menores de edad 174

Mujeres mayores de edad 125

Mujeres menores de edad 175

Total: 611.

ESCUELAS:-

Escuelas Fiscales de varones 1

Escuelas Fiscales de mujeres —

Escuelas Fiscales mixtas —

Escuelas particulares —

INDUSTRIAS:-

Agricultura en pequeña escala.

CULTIVOS:-

Maiz i trigo, pero escasísimo.

EXTENSION SUPERFICIAL:-

Siete Kilómetros de largo, por dos de ancho.

TIERRAS DE CULTIVO EN COMUN:-

Menos que de dos Kilómetros.

TIERRAS DE PASTOS NATURALES, EN COMUN:-

Como de tres Kilómetros.

COLINDANTES:-

N. río de Antabamba; E. tierras de Chanta i Poccohuanca; S. tierras de Chalhuanca; i O. tierras de Sanaca.

VIAS DE COMUNICACION CON LA CAPITAL DE LA PROVINCIA:-

Mediante un camino de herradura.

NUMERO DE FAMILIAS:- 137.

(La tramitación de los expedientes de reconocimiento e inscripción oficial de las comunidades de indígenas, es absolutamente gratuita.—Los empleados públicos o autoridades políticas que pretendieran cobrar dinero por emitir informes o por cualquier otro concepto, deben ser denunciadas ante la Dirección de Asuntos Indígenas del Ministerio de Salud Pública, Trabajo y Previsión Social.)

"VILLA APOSTOL SANTIAGO DE YANACA"
ESTE TERRENO FUE ADQUIRIDO DURANTE LA GESTION DE
CENTRO SOCIAL HIJOS DE YANACA
HERMANDAD PATRON SANTIAGO
CLUB DEPORTIVO AURORA
COMITE DE DAMAS

Previa asamblea general se solicitó a todos los residentes yanaquinos realizar donaciones con el objetivo de adquirir un campo deportivo. De esta manera se consiguió comprar un terreno de nueve mil metros cuadrados en Chorrillos.

El club deportivo *Laurel* aportó la suma de sesenta soles, mientras que el club deportivo *Aurora* aportó la suma de cuarenta soles. La suma de ambos importes seria la cuota inicial del campo deportivo de nueve mil metros cuadrados. Luego se decidió realizar un cambio de razón social de *Centro Juventud Hijos de Yanaca* a *Centro Social Hijos de Yanaca y Filiales*, a partir de entonces se creó una tarjeta de aportación con el objetivo de finalizar la adquisición del campo deportivo de nueve mil metros cuadrados. Otro grupo de Yanaquinos deciden comprar el local de dos mil ochocientos treinta dos metros cuadrados. Esta compra fue al contado, gracias al préstamo de veintiún mil dólares por parte de don Javier Bernardino Razo Gutiérrez. El préstamo fue devuelto gracias a donaciones, actividades y eventos

La adquisición de estos dos inmuebles tenía el objetivo de ser un centro de reunión y esparcimiento en el que los migrantes Yanaquinos se sintieran como en su tierra natal evocando a sus padres, abuelos hermanos, hijos y tíos que dejaron en su tierra natal para buscar fortuna en la capital del Perú. Estos locales servían para ser un punto seguro de comunicación con paisanos que traían cartas y noticias del pueblo de *Yanaca*.

La organización de residentes de la comunidad de Yanaca en Lima obtuvo su reconocimiento legal ante el Ministerio de Trabajo con carácter mutualista, denominada Centro Juventud Hijos de Yanaca, con sede en

Lima, fundada el 23 de noviembre de 1932. Este grupo se encargaría de recurrir ante las autoridades sobre los problemas planteados, entre otros asuntos.

Todo el memorial presentado por los comuneros fue remitido a través de la institución a las autoridades correspondientes, siendo resuelto a su vez por las entidades competentes. Como organización de residentes en Lima, ayudó en la tramitación de su reconocimiento ante las entidades correspondientes en los años 1945-1946, en relación con conflictos interlinderos.

Un croquis y otros documentos contenidos en los archivos correspondientes en el sector agrario de Abancay, los mencionados trámites llegaron hasta el Ministerio de Justicia[12] y trabajo dirección de asuntos indígenas año 1946.

Ministerio de Justicia y trabajo
Dirección de Asuntos indígenas.
RESOLUCIÓN SUPREMA

Lima 13 de setiembre de 1946, registrado a fojas noventa y ocho del libro respectivo.

Visto este expediente, relativo al reconocimiento e inscripción oficial de la comunidad de indígenas de "Yanaca", del distrito de Tapayrihua, de la provincia de Aymaraes, del departamento de Apurímac; y considerando:

12 Copia fiel de los archivos del Ministerio de Justicia y Trabajo; Dirección de asuntos Indígenas; hoy Ministerio de Agricultura.

Que, en su tramitación se han cumplido las disposiciones reglamentarias contenidas en el artículo seis del decreto supremo del veinticuatro de junio de mil novecientos treinta y ocho;

Estando a lo informado por los departamentos del ramo y a lo opinado por el director General de Asuntos Indígenas; de conformidad con el articulo doscientos siete de la Constitución del Estado;

Se resuelve:

1.-Reconócese la existencia legal y personería jurídica de la comunidad de "Yanaca" e inscríbasela en el registro oficial de la dirección general de asuntos de indígenas, del Ministerio de Justicia y trabajo;

2.-La presente resolución no afecta los derechos que otros comunidades o particulares pudieran tener sobre la propiedad de las tierras que se encuentran comprendidas dentro de la zona consideradas por la mencionada comunidad como de su exclusivo dominio.

Regístrese y comuníquese
Firma presidente De República del Perú.

Creación del Colegio, puesto de guardia Civil, Carretera Yanaca-Chalhuanca, creación de la entidad distrital de Yanaca, etc.

Se implementaron en Yanaca dos escuelas de primaria: una para varones con No 675 y otra para mujeres con No 6727; años después, estas fueron fusionadas para formar una escuela mixta.

Meses después, se instaló un puesto de Guardia Civil, cuyo local fue construido en acción comunal. Cabe recalcar que el Centro Juventud Hijos de Yanaca participó activamente ayudando a resolver el problema de linderos entre *Yanaca* y *Saraica* entre los años 1945 y 1946.

Además, se destaca la labor de dicha institución para la inscripción de la comunidad campesina de *Yanaca*. Para ello se adjuntó el censo agropecuario y poblacional, un croquis hecho por don Enrique Segovia Mejía con No de expediente 6215 y otros documentos, registrados en los archivos del Ministerio de Agricultura de Abancay. La resolución suprema de reconocimiento fue emitida el 13 de septiembre de 1946.

El pueblo Yanaca era un simple caserío, a partir de su reconocimiento, *Yanaca* pasó a ser comunidad indígena, reconocido legalmente ante los organismos del Estado peruano. Este logro fue compartido entre los comuneros y la institución Centro Juventud Hijos De Yanaca, con sede en Lima. Además de ello la institución antes mencionada gestionó la creación del distrito de Yanaca el 29 de diciembre del año 1961 tramite que se comunicó mediante circular N° 284 al concejo de Yanaca por ley 13793.

Al transcurrir el año 1955, los comuneros yanaquinos, en coordinación con la institución Centro Juventud Hijos de Yanaca, con sede en Lima, y residentes yanaquinos en Marcona, solicitaron la construcción de la carretera Chalhuanca-Yanaca. Se inicio la construcción en abril de 1955, con la participación entusiasta de los comuneros y el apoyo de maquinaria y dirección técnica del gobierno central. Sin embargo, el cambio de gobierno postergó la construcción de dicha carretera por durante muchos años, hasta postrimerías de los años 1970 y 1971. La construcción de la carretera duró 16 años y se concluyó con la acción mixta comunal y el presupuesto del gobierno, así como la participación abnegada de toda la población, inaugurándose con gran algarabía el 22 de diciembre de 1971. Años después, se prolongó la carretera a otros pueblos adyacentes facilitando el acceso a Antabamba y Abancay. De tal forma, hoy el distrito de Yanaca es el centro de acceso a otros pueblos adyacentes.

La intervención del Ministerio de Salud fue necesaria para concientizar a la población de la necesidad de consumir agua potable, anteriormente la población consumía agua proveniente de manantiales o puquios. Un estudio técnico aprobó la construcción de la laguna *Yoricocha* para abastecer el riego de las tierras de cultivo y consumo humano.

Se convoco una junta extraordinaria el 25 de mayo de 1975, en la que asistieron los miembros de clubes asociados al Centro Juventud Hijos de Yanaca. Por ejemplo, los clubes deportivos Aurora, Laurel, Defensor Tumiri y la Hermandad Apóstol Santiago. Al consultarse sobre el nombre que debería tener esta reunión, se acordó unánimemente que debía llamarse *Cabildo abierto de los hijos residentes Yanaquinos en Lima.* El señor Celso Alberto Gómez Torbisco fue elegido director de debates, el señor Celso nombró como su secretario de actas al señor Jesús Conde Gómez.

A continuación, el señor Modesto Dueñas propuso la reorganización del *Centro Juventud Hijos de Yanaca.* El cargo de Tesorero de la Comisión Reorganizadora recayó en el señor Víctor Espinoza Gutiérrez. Además de ello se propuso al señor Celso Alberto Gómez como presidente de la comisión reorganizadora del *Centro Juventud Hijos de Yanaca,* el señor Modesto Dueñas fue designado secretario general, el señor Víctor Espinoza Gutiérrez como tesorero y el señor Jesús Conde Gómez como secretario de actas y archivos, siendo el señor Alberto Mejía Soto fiscal, todos ellos nombrados en el *Cabildo abierto de los hijos residentes Yanaquinos en Lima.*

Tradicionalmente era forzoso proseguir estudios de secundaria en la capital de la provincia, Chalhuanca, puesto que no existía escuela secundaria en *Yanaca.* Esta situación imposibilitaba la igualdad de oportunidades para los pobladores puesto que muy pocos padres de familia contaban con los recursos económicos para enviar a sus vástagos a Chalhuanca. Por ello, la creación de un colegio secundario era una prioridad para los residentes yanaquinos en Lima. Afortunadamente esta etapa coincidió con el periodo universitario del autor de este libro quien se dedicó a tiempo completo a la gestión de este proyecto. Jesús Conde Gómez se presentó en el Ministerio de Educación zonal 53 de Abancay, con el objetivo de elevar memoriales que debían ser validados por la población de *Yanaca*.

Dichos memoriales fueron tramitados y en Lima se formó una comisión integrada por un padre de familia, don Simón Gamarra; el director de la escuela, Adrián Espinoza; el presidente de la Institución Centro Social Hijos de Yanaca y filiales, el señor Alberto Gómez; el señor Modesto Dueñas; y Jesús Conde Gómez. Se presentó la instancia en el despacho del ministro de Educación, en el Ministerio se contó con la colaboración del secretario, el Dr. Américo Ramírez Pérez. Este, de inmediato, intercedió ante el ministro Guabloche, quien a su vez hizo una llamada urgente y directa a Abancay, dando la orden de crear el colegio secundaria en Yanaca con la resolución directoral 0194, de fecha diecinueve de abril de mil novecientos setenta y ocho.

Los campesinos de Yanaca habían sido sometidos al *terror* y campeaba el compadrazgo como forma de intercambiar servicios estatales a cambio de dinero. La *Revolución de la Junta Militar del General Juan Velasco Alvarado* había liquidado el sistema de gobierno oligárquico y latifundista, esta situación significo un alivio para los pobladores campesinos. Hasta ese momento, la educación básica primaria y secundaria era un privilegio y la mayoría de los pobladores eran formados hasta el nivel primario con el objetivo de aprender a firmar. padres.

Es por ello que se consideró de importancia estratégica la creación de colegios de educación secundaria en los distritos de la provincia de Aymaraes. La creación del colegio secundaria Túpac Amaru II de Yanaca fue el 19 de abril de 1978. Al inicio, surgieron dudas en las autoridades del Gobierno Central y autoridades regionales. Para los pobladores del distrito de Yanaca era el sueño de todas las generaciones que nunca llegaron a educarse por falta de recursos económicos. Así, Jesús Conde Gómez escribió cuatro memoriales: el primero al Ministerio de Agricultura, solicitando el represamiento de la Laguna de Yoricocha. El segundo, al Ministerio de Transportes y Comunicaciones, solicitando que se reanude la construcción de la carretera Yanaca-Chalhuanca; el tercero al Ministerio de Cultura, solicitando el reconocimiento de los monumentos arqueológicos, para poner en valor los restos arqueológicos de *Tunayaccasa, Chachacalla, Tapuray, Huamanihuayta* y el cuarto al Ministerio de Educación.

Se realizó la coordinación con el director de la NEC, el profesor Adrián Carrera Ríos. En este periodo había empezado el funcionamiento del primer colegio secundaria autogestionario en el distrito de *Cotarusi*, creado por el profesor Máximo Jiménez. Dado que el colegio de Yanaca tenia potencial de recibir financiación estatal el profesor Jiménez fue trasladado a la escuela 675 de Yanaca, donde junto a mi persona iniciamos las gestiones para la creación del colegio en el distrito de Yanaca.

Don Jesús Conde Gómez solicitó vacaciones en su trabajo y, en su calidad de secretario de actas y archivos del Centro Social Hijos de Yanaca y filiales, viajó a la zona 53 del Ministerio de Educación de Abancay. Con fecha 20 de diciembre de 1977 se presentó el memorial en la mesa de partes del Ministerio de Educación 53 de Abancay, donde fue denegado por los encargados aduciendo que no había presupuesto, pese a ello se recibió la solicitud. Este documento fue llevado a Lima junto con otros memoriales.

La gestión del colegio de Yanaca requirió solicitar una audiencia con el ministro de Educación. Para ello se apersonó una comisión integrada por el presidente de padres de familia, señor Simón Gamarra; el director de la escuela 675, señor Adrián Espinoza Segovia; el presidente de la *Institución Centro Social Hijos de Yanaca* y filiales, don Alberto Gómez Torbisco; el secretario general, don Modesto Dueñas; y el secretario de actas y archivos, don Jesús Conde Gómez. Dicha solicitud fue recibida por el secretario del ministro, el doctor Américo Ramírez Pérez. El señor Ramírez intercedió en dicha audiencia con el ministro Guabloche, quien hizo una llamada telefónica a Abancay ordenando la creación del colegio secundaria en el distrito de Yanaca con la resolución directoral 0194, de fecha diecinueve de abril de mil novecientos setenta y ocho. La población, en acción comunal, empezó a construir aulas en la localidad de Chillijpampa con el objetivo de iniciar la formación de sus hijos. Concluido el año lectivo del colegio, la población por consenso, trasladó el colegio a la casa cural, donde se comenzaron a construir nuevas aulas, las cuales funcionan hasta ahora.

Los residentes yanaquinos en Lima y de Marcona colaboraron mediante donaciones de mobiliarios y otros enseres gracias a los cuales empezó a funcionar el colegio secundario en Yanaca.

También se reubicó la escuela primaria 675 al antiguo panteón (*mauca* panteón), donde reposaban los restos humanos de nuestros ancestros yanaquinos(as).

Diferentes personajes fueron elegidos alcaldes del *Concejo Distrital Yanaca*, provincia de Aymaraes, departamento de Apurímac. Empezando por el señor Estanislao Tintaya, quien dejó instalados grifos de agua en algunas calles; el profesor Adrián Salazar Mejía construyó locales de adobe para el Juez de Paz y la comunidad campesina, además de una oficina del concejo distrital de Yanaca. El profesor Eloy Ramírez Ortega construyó una represa en *Huañaccocha* y remodeló la Plaza de Armas de *Yanaca*, además de mejorar el campo deportivo.

En posteriores faenas comunales, decidieron trasladar el campo deportivo a *Leonpampa*, y el ruedo de toros. De esta manera *Leonpampa* se convirtió en el nuevo escenario deportivo del distrito de Yanaca. De esta manera se fue mejorando el casco urbano a lo largo del tiempo; unas veces producto de gestiones de sus autoridades locales y otras por esfuerzo personal.

CENTRO SOCIAL HIJOS DE YANACA Y FILIALES
FUNDADO 23-11-1932 CON PERSONERIA JURIDICA
Y CON DERECHO CIVIL SIN FINES DE LUCRO
L. T. 9345396 -CHORRILLOS- LIMA

C E R T I F I C A

Por el presente acreditamos al SeñorJESUS CONDE GOMEZ,DE profesión SOCIOLOGO con Registro Nº 390-a .
Ha prestado servicios como Asesor en el movimiento Institucional y en la elaboración del ante proyecto reglamento interno de la comunidad Campesina de Yanaca ;por mandato de la Asamblea General de Residentes en Lima de fecha 26-11-77 , la misma fue concluida el 25-5-79 que consta de 17 Capítulos y 114 Artículos.

OTORGAMOS la presente,en mérito de su abnegada labor y servicios prestados en la Institución .

Chorrillos 15 de noviembre 1984

GERMAN ALLCA GARAY
PRESIDENTE

ALCIBIADES SANCHES JIMENEZ
SECRETARIO

Yanaca: Morfología, flora y fauna

Yanaca destaca por su arborización lo que otorga luz, sombra y aroma, esto sumado al trinar de las aves hacen de este pueblo un sitio idílico. Destacamos la importancia de las avecillas, controladores de bichos e insectos dedicados a la polinización. Y esas plantitas que un día se sembraron, ahora realizan la fotosíntesis para renovar el medio ambiente de todos los habitantes del planeta Tierra.

El pueblo de *Yanaca* actualmente está rodeado de frondosos árboles, con aromas de molle y eucalipto, sus caminos que conducen a *Chiapampa, Chijllachama, Motkaserca, Sihuallaku, Pampaqocha, Tasqaray,* y hacia sus lagunitas de *Soraqocha.* Una mirada hacia arriba muestra los andenes cubiertos de arbustos. Más abajo, una explanada espectacular, y al lado oeste las cuevas de *Pujpuquiri*, hacia el lado este de la localidad de *Paswaña*, con un relieve semiplano.

Al frente se encuentra la cordillera de *Apu Kujchi*, una cordillera negra que otrora estuvo cubierta de nieve, pero, por efectos del cambio climático se transformó. Doblando hacia abajo, se encuentra la laguna *Yoricocha*, que provee agua para el riego de sementeras y agua potable para beber.

Distribución en barrios

El distrito de *Yanaca* cuenta con dos barrios atractivos: *Allcca* y *Ccullana*. El barrio de *Ccullana* tiene una superficie menos accidentada.

Las características del barrio *Allcca* denotan un ambiente diferente al del otro barrio. Comenzando desde *Ayatasqana*, el lugar donde se realiza el lavado de ropas de los difuntos. Sobre esa estructura recorren caminos serpenteantes, polvorientos y pintados de verde.

Por donde esos pasos se delinean caminitos que llevan a *Wayraqaqa*, donde los caminantes corren el riesgo de perder la vida. Por lo mismo, los habitantes del barrio *Allcca* adjetivan el camino como *caminito serpenteante de Wayracacca.*

Ayatasqana es el punto de partida de dos caminos, un camino de herradura, por donde transitan animales con cargas y grandes cantidades de ganado y otro camino peatonal en medio de peñascos. Por esto lo llaman *Wayraqaqa, la suicida*, porque varios de los pobladores se despeñaron al intentar pasar por *Wayraqaqa*. El camino a *Horno Waycco* es un paso obligatorio por *Wayraqaqa*, un caminito de peñascos, ichos y cactus. En el fondo del abismo se observan parcelas donde se cultivan maíz y múltiples productos. Por las riberas discurre un riachuelo, afluente de múltiples manantiales que bajan por gravedad desde las zonas húmedas, pequeñas lagunas como *Achoqqanta, Ampato Ccocha uno, Ampato Ccocha dos, Kairihuayri*. Estas fuentes de agua forman grandes torrentes en los meses de enero a marzo. La abundancia de lluvias en este periodo genera grandes masas de agua que producen huaicos, arrasando sembríos. En épocas de estiaje, durante los meses de agosto a octubre, el caudal del agua permite regar de vez las chacras de *Hornohuaycco, Hatun Arrao* y *Uchuy Arrao*, pertenecientes a los pobladores del barrio Allcca de Yanaca.

Las cristalinas aguas que discurren como cascadas caen sobre el río *Taccrapampa,* que es alimentado por los manantiales de *Huanaco Occo*, y el majestuoso Apu *Achoqqanta*. En la pequeña explanada de *Ampato Ccocha* se alojan espejos de agua que, al evaporarse, se condensan en gotas de lluvia, granizo y *laslas* (nieve). Este fenómeno meteorológico incrementa el caudal del torrentoso y turbulento río *Angostura* que luego se une con el río *Pallcca*. Este afluente es alimentado por la laguna *Kairihuayri*, que aumenta su caudal con riachuelos como el de *Ccatapuquio*, haciendo que el río suene más turbulento en su recorrido.

En *Chijllachama* el agua recorre a través de una acequia simple, que abarca aproximadamente cinco kilómetros regando todas las chacras de este sector. En la parte baja se encuentran otras cochas en los lugares denominados *Chiapampa* y *Suicho,* de menor capacidad que las anteriores. Finalmente, en el pueblo de Yanaca existen dos cochas reformadas o reconstruidas con material noble. Con estos reservorios de agua se riegan las chacras de *Chillijpampa, Antaccarja, Chacapampa*, y algunos huertos adyacentes en Yanaca.

Paraje de Puncuya, Chuyllor y Kosccochihua

El paraje de *Puncuya* con su microclima, se encuentra entre cerros, quebradas y frías punas. La flora y fauna que allí habitan son necesarias de conservar al igual que los frondosos bosques de *Chuyllor*, poseedores de una extraordinaria biodiversidad. Este bosque tiene riego natural dada su cercanía con humedales, manantes y pequeñas fuentes de agua que brotan en las praderas de *Kosccochihua*. Los manantes circulan en el medio de la zona boscosa, con aguas provenientes de las lluvias de febrero lo cual que favorece el rebrote de los tallos. El ambiente se armoniza al rayar la aurora con el trinar de los *checcollos* (ruiseñores), *piscacos*, zorzalitos, *palomitas, cuculíes, jilgueros* (*tuyas*) y *akajllos*. La fauna del bosque se completa con mamíferos como el añas, los zorros, los *osccollos* y las comadrejas. Todo forma un ambiente acogedor en *Puncuya*, creando una cadena alimenticia que mantiene el equilibrio ecológico.

Paraje quebradito de *Yanaca* en el barrio *Ccollana*, se deja visualizar desde el paraje *Cheqotoma* y toda la profundidad de *Condorqarqa*, el Apu tutelar del pueblo de Yanaca. Como un capricho de la naturaleza se observa relieves accidentados, abismos, manantes y fuentes de agua donde beben los animales y humanos.

Alternando con relieves de lomadas, quebradas y profundas laderas, como cercos elevados, discurren pequeños riachuelos que proveen de agua a la laguna de *Pashuaña*. Su caudal aumenta durante los meses de enero a marzo.

En el barrio *Ccollana* de *Yanaca*, cabecera del anexo *Parancay*, un caminito de escombros conduce en silencio hacia la pampa de Pashuaña. Allí caminaba un hombre de apellido Sejo, dedicado a la crianza de llamas, quien visitaba el pueblo de Yanaca para abastecerse de víveres visitado pocas veces por su esposa y algunas por sus hijos. Él andaba jalando su llamita de color negro, y pocas veces le colocaba una recua en el cuello, por el contrario prefería cargar en su espalda los víveres que le permitirían subsistir durante su aislamiento.

Paraje de Wallunkunko

Guardian de la biodiversidad, poseedor de bosques de *unca* (tallos de color crema), frondosos y altos. Si nos adentramos encontraremos parajes del anexo *Tumire*. Además de vislumbrar a *Condorpampa* y *Condorccarca*; hacia abajo está el puente de *Chacahuaycco*, y hacia arriba el pueblo de *Yanaca*. Por el lado derecho, se halla el antiguo asentamiento humano de *Tunayccasa, Llullasa* y la parcialidad de *Checcotoma*,con sus cultivos de tubérculos.

Metros hacia arriba, se encuentra el hermoso paisaje *Yacu Anay*, cabaña de mi tía Aurora Gómez Huaraca, chocita de *Aseroma*, donde residían mis abuelos Matías Gómez y Gregoria Huaraca. Ellos vivían con su familia: Andrés, Bernardino, Aurora, Victoria, Isabel, Sara y Presentación. Aurora, la hija primogénita, alta y de contextura delgada, tenía una enérgica voz de general. Era la primogénita de cinco mujeres huérfanas razón por la cual tenía una actitud seca y firme, pero dulce y amable al aproximarse a sus cuatro hermanas menores, todas vivían en la cabañita de *Yacu Anay*, dedicándose al ordeño de sus vacas para elaborar quesos y vender docenas de toros.

Los niños caminaban por un caminito escabroso para llegar, entre *ichos, waraccos* y arbustos, acompañados por su amigo fiel. Así llegaban a su cueva cabaña. Era bastante riesgoso transitar por el caminito escabroso, especialmente en las noches.

Por el lado izquierdo, hacia abajo, están los restos arqueológicos de *Chachacalla*, un pueblo especializado en la producción de hortalizas y frutales, contigua al anexo *Parancay*. Hacia la lomada se encuentra la localidad de *Paujaray*, histórica por el cultivo de tubérculos del pueblo de Yanaca. Hacia arriba se encuentra *Puca Rume* y la laguna de *Pashuña, Pujpuquiri y Soraccocha*.

Los grupos humanos se desplazaban en busca de alimentos, recolectando frutos y raíces como la papa cimarrona (*arqa*). Aprovechaban los recursos naturales de la zona, dedicándose a la caza de animales como tarucas, vicuñas, guanacos y vizcachas. De estos animales obtenían carne y pieles para cubrirse y usaban sus fibras para hilar y tejer mantas y ponchos. De esta manera comenzaron la división social del trabajo, la elaboración de herramientas para la caza de aves como yutos o perdices y *wiruca*.

Fauna de Yanaca

Las *wallatas*, aves de las zonas de jalca, vivían cerca de las riberas de lagunas y ríos en climas fríos. Su reproducción era limitada, además su depredador natural eran los gavilanes. Ancestralmente, los habitantes de la zona las cazaban para alimentarse.

La *lejleja*, una pequeña ave con pico anaranjado, ojos negros, cabeza plana, cuello blanco, patas rojizas y alas negras es natural de la zona. El *quivio* es un ave similar a la perdiz, ovípara, cuyos huevos son de color verde y se esconden entre ichos o pajonales en zonas de jalca. Es conocida por sus trinos sonoros: *qiwu qiwu*. La vizcacha es un roedor que habita a más de 4500 m s. n. m., vive debajo de las rocas en montañas rocosas y se reproduce una vez al año.

La trucha pertenece a la subfamilia de los salmónidos, y habita en lagos, lagunas y ríos.

El águila, ave rapaz y carroñera, habita en diversos pisos ecológicos. Se alimenta de culebras, lagartos, roedores y herbívoros, y es capaz dc alzar entre diez y veinte kilos al vuelo. La perdiz es un ave similar a una gallina pequeña, con plumaje que fácilmente se confunde con el entorno natural. Anida en bosquecillos, matorrales, pastos, ichos y pajas.

La economía recolectora organizo la población en pequeños grupos humanos, hasta que se asentaron en valles y quebradas con climas más saludables y recursos suficientes para vivir. Posteriormente comenzaron a domesticar plantas y animales, lo que resultó en un cambio social y económico a lo largo de varias generaciones.

La transición hacia un estilo de vida semi-sedentario, se vio facilitada por la domesticación de animales y la horticultura.

Tradiciones y costumbres de mi tierra Yanaca

Gastronomía en Yanaca

Tradicionalmente la alimentación del poblador Yanaquino consistía en *lawa* (sopa) mezclada con *arja* (papa samarrona, olluco, ocas), verduras y hierbas. Otro plato típico es el *yuyo picante* acompañado con rocoto, salsa de *allpa* (cancha molida con hierbas y rocoto), rodajas de queso, abundante cancha y mote de maíz.

En días festivos los pobladores *Yanaquinos* celebran con cuyes al palo acompañado con *puca picante.* Este último plato este hecho con achote, ají mirasol, cúrcuma o palillo, y manteca de chancho. Se suele servir acompañado de rodajas de queso fresco, picante de trigo, quinua y mote pelado.

Los habitantes *Yanaquinos* preparan dos tipos de meriendas. Uno es destinado para invitar a los trabajadores que participan en el *Laymi* y otras ceremonias rituales y meriendas públicas. Por otra parte, la comida cotidiana consiste en lahua de maíz blanco molido con hierbitas frescas o secas, habas chuño, trigo y con charqui y queso. No existe un segundo plato, el lahua se acompaña con motecito y ochucuta.

En ocasiones especiales como el carnaval, *cargoyos, wasicuj* y *allmay*, se prepara una suculenta merienda de *ataqo* combinadito con trigo picante y su *allpa* (crema picosa de cancha molida), picante de *labanos* (hierba) con rocoto, rodajas de queso fresco y cancha. Estas meriendas se pueden combinar con papas, trigo, allpa, rocoto, y mote o cancha.

El tradicional *cuy al palo* o *cuy canca* se prepara en fiestas y ceremonias especiales, acompañado de papas doradas. No puede faltar la chicha de jora, *la chuya aqa* (chicha especial de jora, preparada dos etapas con chancaca). También se preparan de pepas de molle pelándolas e hirviéndolas en agua, luego se las deja reposar y se guardan en túmines hasta que maduran.

Entre los postres típicos encontramos a la mazamorra de molle, de leche, de durazno, de manzana, y de calabaza (al horno).

Herramientas agrícolas en Yanaca

Encontramos por ejemplo la araucana (*allacho*, o astas de tarucas), de madera o palo que terminaba en punta en forma de codo, utilizada indistintamente para escarbar, sembrar tubérculos, deshacer o desmenuzar terrones. También la *chaquitaclla*, una herramienta de palo seleccionada del bosque con rejas de madera atada con plantas trepadoras como el *tintin*, tallos de granadilla. Este palo arqueado o recto llevaba en su parte inferior un travesaño en forma de gancho para apoyarse un pie y así introducirlo bajo tierra, siendo utilizado en la roturación del suelo y la siembra. Esta herramienta sigue en uso con una pequeña modificación, se cambio la reja de palo por una de metal y el amarre de tintin por cuero de res.

Además, emplearon otras herramientas de uso común como la lampa y el pico. Con la llegada del ganado vacuno, surgieron nuevas herramientas de trabajo, combinando palos del bosque con trozos de hierro, cuero o piel de animales, para el arado. Fue común el uso de la yunta de toros y crearon instrumentos como el yugo, un palo adecuado para atar a la cabeza de los toros, y otra herramienta de labranza el *taclla* o arado. Pese a ello muchos instrumentos de palo o madera siguen siendo utilizados con ligeras variaciones.

El rito a la Pachamama (madre tierra) en Yanaca

Rendir culto a la Madre Tierra como fuente productora es una práctica que ha continuado desde tiempos preincas hasta la actualidad. Los pobladores prehispánicos vivían en armonía con la naturaleza, bajo una concepción filosófica llamada *pachasofía o mama pacha* (madre tierra), basada en la reciprocidad y relacionalidad con su entorno natural. Esta visión centrada en la armonía incluía el rito a los Apus, deidades montañosas, a quienes rendían culto en su quehacer cotidiano.

La actividad agrícola de la siembra de maíz no se separaba del quehacer cotidiano, ya que la Pachamama era considerada protectora y proveedora de bienestar, otorgando bondades como un buen año de lluvias, abundancia de pastos para el ganado, una buena cosecha y fertilidad para los animales. De estas vivencias nacieron el *harawi*, un canto lírico a través del cual los pobladores Yanaquinos transmitían mensajes a *Pachamama*. Esta filosofía andina refleja el objetivo del poblador nativo de vivir en armonía con la naturaleza.

Antes de la llegada del ganado vacuno con la invasión española, existió un diálogo ritual con los Apus y Pachamama. La implementación del ganado permitió el uso de herramientas como la yunta de toros, con la cual se organizaba un grupo de trabajo compuesto por un labrador, un guiador que se entendía con los toros, y un sembrador.

El *Yapuy* de maíz es ritual porque todo el peso de la alimentación depende del maíz. Por ejemplo, se utiliza en el mote, cancha, sopa (lawa) y chicha, proporcionando energía en todas las actividades. Por ello, el maíz es objeto de adoración como *sara mama* (madre maíz). La *sara tincay* es rendir un tributo a la semilla de maíz, a Pachamama, para que dé el mejor fruto.

El *Yapuy* es una actividad intensa dentro de la comunidad, cargada de misticismo hacia Pachamama y su sagrado complemento, el *Apu*. Los pobladores de *Yanaca* priorizan el barbecho, riego de sus chacras y la reparación de los derrumbes de andenes.

Durante esta ceremonia, los hombres bebían chicha de jora y las mujeres entonaban el harawi y la wanca. La ceremonia comenzaba con el *mujo tincay*, un rito al maíz, donde el dueño de la chacra y sus compadres bebían chicha de jora en una tinaja de cerámica de cuatro picos. Tras el brindis, se arrodillaban y exhalaban hacia la semilla de maíz, pidiendo bendiciones.

Concluido el *mujo tincay*, las mujeres se agrupaban para entonar la huanca y el harawi. Este canto lírico representaba una comunicación entre el hombre, la Pachamama y el Apu. Una vez terminado el rito, comenzaba la actividad de la siembra, con el dueño agradeciendo a los trabajadores sirviéndoles chicha y otras bebidas. A mediodía se realizaba el *jaurima*, un pequeño refrigerio de picante con cancha y chicha en una tinaja cerámica, además de ofrecer mazorcas de maíz a los toros.

Al final de la jornada, todos se reunían para disfrutar de una merienda preparada por la dueña de la chacra, que consistía en un suculento puca picante aderezado con achiote, cuy al palo y cancha de maíz, acompañado de chicha de jora y cañazo.

La maduración de los choclos en las chacras situadas en diferentes sectores o parajes es un privilegio del pueblo de *Yanaca*, puesto que cada sector cuenta con un microclima que permite la producción de una amplia variedad de maíz.

La cosecha comienza bajo la determinación de un cabildo abierto en mayo de cada año, abarcando parajes como *Llicallipampa, Pampaccocha, Sihuallacu, Tomacce, Chijllachama, Mochocco, Motcaserca, Chiapampa, Tranca, Mataray, Duranpuquio, Parjatranca, Arrao* y *Villqui.*

Los trabajadores voluntarios se presentan en cada paraje para ayudar a deshojar o cosechar con su *tipina* (tallo de madera seca puntiaguda, utilizada para despancar o deshojar choclos), trabajando todo el día a cambio de una lliclla llena de maíz por su labor.

Concluida la cosecha, algunos deciden quedarse a vivir con sus vacas unas cuantas semanas más y planean realizar una fiesta de *Jashua*. Se agrupan grupos de personas entusiastas que preparan meriendas abundantes: cancha, queso, licores; cañazo, vinos, chicha de jora; música con instrumentos de viento como la quena y rondín, así como de percusión y cuerda: bandolina, charango, guitarra, violín y arpa. Los pobladores se unen cantando y bailando en ronda en los espacios de los andenes de las chacras.

Para el almacenamiento de productos frescos, primero se seleccionan los mejores y se guardan las mejores semillas para el próximo año. Estos productos se almacenan después de ser secados en mantas grandes a fin de deshumidificarlos con el calor del sol; luego se guardan en la marca (almacen) para disponer de ellos gradualmente en su alimentación.

El Tarpuy, siembra de tubérculos

La siembra de tubérculos como papa, oca, olluco y mashua también incluía el rito *mujo tincay* con una pequeña ceremonia a Pachamama. En esta actividad se utilizaba el instrumento ancestral chaquitaclla, que permitía al labrador abrir la tierra (de preferencia masculino como signo de respeto a la madre Pachamama) mientras las mujeres depositaban la semilla. En todo momento se brindaba chicha en una tinaja cerámica de cuatro picos.

La Wanca o Harawi, canto de género lírico a la Pachamama.

El harawi, canto lírico yanaquino, constaba de tres partes: plegaria, diálogo y celebración festiva. La primera parte expresaba súplicas a Pachamama y al Apu, pidiendo lluvias y bendiciones para evitar el hambre. Este canto espontáneo era entonado por grupos de mujeres Yanaquinas durante la siembra, y su contenido estaba profundamente ligado al sustento alimentario de la comunidad.

Concluida la siembra de maíz, meses después proseguía todo el proceso de cultivo hasta la cosecha, siempre acompañado de rituales y ceremonias como parte de su vida cotidiana.

Proceso de cultivo de maíz, primera fase: Warma Allmay

Consistía en una primera Lampa o aporque; después una segunda lampa o *cutipa* realizado de manera festiva, el *Sara Tincay*, donde cada persona que asiste al aporque lleva consigo *lawacuta* (maíz molido); otros llevan la *tinya* (tamborcito) y la *quena*. Al culminar el trabajo de lampear, juegan con la lawacuta empolvando a los invitados, y saborean la merienda preparada yuyo picante que puede mezclarse con trigo o papas picadas. Como acompañante, allpa (cancha molida con hierbas), rodajas de queso fresco, rocoto verde, abundante cancha o mote, chicha de jora, vino o cañazo. Retornan a sus viviendas cantando y bailando desde la chacra hasta el pueblo; algunos terminan en el domicilio del dueño.

Cultivo de maíz, segunda fase: Pata Rutoy

El *Pata Rutoy* es la limpieza de malas hierbas (rutoy: cortar malezas en los andenes y para evitar que los roedores aniden y destruyan el cultivo). Con esta actividad, finaliza todo el proceso de cultivo del maíz.

Días después llega la maduración del choclo y comienza otro proceso. Mientras se madura el choclo, se preparan humitas, *checche* (choclo tostado) y choclo asado al fuego. También se disfruta de choclo sancochado con queso fresco, leche, suero, acompañado con *uchucuta* (hierbas como culantro y huacatay), suero, abundante quesillo y queso. Estos exquisitos platos a base de choclo se saborean mientras transcurren los meses de febrero y marzo.

La fiesta del Carnaval Yanaquino

Entre lluvias, rayos, truenos y vientos, se celebra esta fiesta. Ademas de la fiesta de sus tradiciones típicas, entre de comadres y compadres. Es relevante enmarcar estas festividades como un homenaje a la *Pachamama* y su complemento, el *Tayta Orqo*. Los pobladores bailan y cantan al compás de instrumentos musicales de percusión como la tinya, quena de viento, y acompañados de instrumentos de cuerdas como guitarra, charango, arpa y violín, además la indumentaria escogida son los atuendos típicos multicolores.

El *Wichicho* es un personaje disfrazado con plantas trepadoras (*arhue arhue*) y *wallqaches* (especie de collar con productos agropecuarios como ofrendas a la Pachamama: carne de ovino, queso, coles, rocotos, papas, choclos, entre otros). El *Wichicho* va sujetado de la cadera con una soga y participa en la ronda, controlado por otro para evitar que el *saqra* (diablo) se lo lleve. Los carnavaleros se entregan a manifestaciones artísticas y cómicas propias del carnaval, cuya duración es de entre tres a cinco días consecutivos. Quien abandona el carnaval, se dice que es llevado por el *saqra,* por lo que está obligado a terminar la celebración. La fiesta del carnaval, la Yunza, las comidas típicas, el *Wichicho* y el *Ño Carnavalón* se celebran generalmente en *atipanacuy* entre barrios durante el mes de febrero, en temporada de lluvias torrenciales, vientos, rayos y truenos. También puede ser organizada por el gobierno local en coordinación con la población. Durante la fiesta del Carnaval se plantan una o más yunzas, adornando el árbol lo mejor posible. Los aldeanos cantan composiciones propias, bailan y se retan entre ellos, además de ello los espectadores participan mojándose con baldes de agua, mientras que los niños juegan con talco, serpentinas y chisquetes de colores.

Toda la población asiste con abundantes bebidas: chicha de jora, variedad de licores y meriendas típicas como la *ulla* (sancochado con col, trozos de carne y papas enteras). La población, organiza el carnaval Inter barrios de *Allcca* y *Ccollana.* Aunque en la actualidad participan los cuatro barrios: *Achasuma, Capilla, Manzana Puquio* y *Centro*. Estos se organizan en grupos de *atipanacuy*, con un cargonte de la yunza (el encargado de plantar el árbol), que adorna la yunza con una variedad de productos y baila alrededor del árbol formando rondas y cantando, la fiesta termina con el cortado del árbol, la costumbre establece que quien corta la yunza es el cargonte del próximo año.

El carnaval comienza con el *Warma pujllay* (carnaval de jóvenes) y el *Hatun Carnaval* (para adultos). El *Wichichu,* personaje disfrazado, es un intermediario entre la población y el Apu, por ello lleva en su espalda las ofrendas al Apu.

Al concluir el carnaval, después del quinto día, celebran un día especial y jocoso. Recuperan el tronco de la yunza, que personificará al *Saqra* (diablo). Este es vestido con tela negra, como difunto, y simulan un testamento con plegarias dramáticas, reclamando bienes para sus deudos. Con este acto teatral finaliza el *Ñocarnavalón,* y la música de carnaval cambia a huayno rutinario, concluyendo así el carnaval.

La Semana Santa en Yanaca

Los mayordomos toman la responsabilidad con fe y preparan las andas de los santos para la procesión: el Lunes Santo, Martes Santo, Miércoles Santo, Jueves Santo y Viernes Santo, destacando la procesión del Santo Sepulcro. Durante la semana, los mayordomos ofrecen gratuitamente té macho, dulces, mazamorras de leche, durazno, manzana, cañazo, chicha de jora y pasteles. Este sincretismo ideológico mezcla la cosmovisión andina con la religión católica. Predomina la figura del cargonte, responsable de los gastos y de organizar la procesión con rezos y cantos, implorando al Santo Sepulcro.

Cosecha y actividades Agropecuarias

Meses después, los pobladores continúan con sus labores agropecuarias. Se convoca a un cabildo abierto a inicios del mes de mayo, en el que se consensuan los detalles para iniciar la cosecha de maíz y tubérculos. Quien infrinja estos acuerdos será multado.

Tras finalizar el cabildo, al día siguiente los mayordomos de Santa Cruz organizan una corrida de toros con banda típica, arpa y violín, e invitan a artistas del pueblo u otros lugares. La cosecha de productos maduros de tubérculos como papa, oca, olluco y mashua se convierte en una actividad dinámica donde participan personas de todas las edades.

Durante la cosecha, se improvisan chozas con ramas de árboles donde los participantes pasan la noche mientras recolectan los tubérculos. La cosecha del maíz es todo un festín; los choclos se extienden en mantas para que se sequen bien y evitar que se pudran.

Después del proceso de cultivo de los productos, en mayo se traslada la cosecha a las viviendas. Toda la población participa con entusiasmo en esta actividad, incluso el ganado vacuno, que abandona su hábitat atraído por el pasto fresco con olor a panca de maíz.

Cosecha de Maíz

La maduración de los choclos en cada una de las chacras del pueblo de Yanaca ocurre ordenadamente, comenzando por el sistema de andenerías de *Pampaccocha*, descendiendo por *Sihuallucoco, Tomacce, Chijllachama,*

Suicho, Chiapampa, Motcaserca, Tranca, Mataray, Duranpuquio, Parqatranca, dando vuelta hacia *Chillijpampa, UmApuri, Villque,* conforme lo establecido en el cabildo abierto de inicios de mayo. En la cosecha de maíz se necesitan ayudantes para el deshoje de los choclos, por lo que los trabajadores solicitan empleo asistiendo a los mismos lugares con su burrito e instrumentos de trabajo, como la *tipina* (un palo puntiagudo para deshojar). Por todo un día de trabajo recibirán como pago una lliclla llena de maíz, entregado al azar, sin selección específica. Los trabajadores, satisfechos, regresan cargados en su burrito. En los días siguientes, continúan ofreciendo su trabajo en otras chacras de amistades, con una remuneración similar, aunque en algunas ocasiones se ofrecen consideraciones especiales.

Concluida la cosecha de maíz, algunos propietarios deciden residir temporalmente en la chacra, junto con sus vacas, donde realizan esporádicamente la *ccashua* (fiesta en el campo). Los invitados asisten con instrumentos como arpa, violín, charango, guitarra, quena, chicha de jora y licores, y disfrutan de exquisitas meriendas, bailando y cantando bajo la luz de la luna en los andenes de la chacra hasta altas horas de la noche. Mientras los jóvenes disfrutan de estas festividades, en el pueblo los padres terminan de secar y seleccionar el maíz recién cosechado, preparando su almacenamiento en la despensa (marca), no sin antes rendir un rito a la *Saramama,* implorando que la cosecha sea suficiente para abastecer a toda la familia. Este rito vital puesto que si la cosecha no cubre las necesidades, la familia pasará hambre y miseria, una situación que llaman *muchuy*, lamentable y triste para la familia.

Ganadería en Yanaca

Para realizar el ritual de *Waca Tincay* los dueños de los ganados necesitan de un intermediario, el *Yachaj*.

La ceremonia sigue este procedimient; primero el *Yachaj* (chamán o brujo), encargado del rito sagrado, intercede con el Apu y la Pachamama, mientras que el dueño de los ganados supervisa la ceremonia. Durante la ceremonia se utiliza de *spondylus* o *mullu* (concha marina grande) y otras conchas pequeñas además de otros aditamentos como incienso, urpimienta (resina vegetal), grasa de llama, piedras redondas del río, hojas de coca enteras, semillas de coca, bebidas como chicha de jora, cañazo y vino, para brindar con Pachamama, los Apus y los asistentes.

También serán necesarios elementos que reproduzcan simbólicamente el ritual como lo son el torito de Pucará, barras de sal para los ganados y moldes y masas de queso duro.

El *Yachaj* realiza las preparaciones dentro de la choza, vestido con poncho, chullo y ojotas, mascando coca y disponiendo en el suelo su *jepina de pallay* (un bulto con todas sus herramientas) o su *Atun misa* (una lliclla amarrada que contiene conchas marinas, mullu, aretes de tela y riatillos multicolores para colocar en las orejas de los ganados como marca de fierro). Durante la ceremonia, ofrece chicha, vino y cañazo, conversando con los Apus con veneración.

La ceremonia inicia encendiendo el alcanzo (preparado que visualmente se parece a la humita envuelta), el objetivo de quemar el alcanzo pedir permiso al Apu tutelar, guardián de ganado, para ejecutar la ceremonia. La ceremonia consiste en realizar una mesada que propicie la reproducción de los animales, además de renovar el contrato de protección entre el Apu protector y el ganadero. En la cosmovisión andina el verdadero dueño de los animales es el Apu, puesto que en sus montañas las reses se alimentan y están protegidas de las inclemencias meteorológicas.

Por ello la mesada contiene elementos de representación de la realidad; por ejemplo se hacen figuras del ganado utilizando la grasa de la llama y se utiliza elementos que representan el mar como las conchas marinas, entre otros ingredientes de la mesada. Mientras tanto los animales disfrutan de la sal, y los dueños e invitados bailan y cantan en rondas, celebrando la *vaca tincay*. Finalizada la ceremonia los pobladores Yanaquinos proceden a colocar los aretes y marcas en los ganados, brindando con chicha y licores al Tayta Orcco, pidiendo abundancia en la reproducción del ganado.

La ceremonia incluye representaciones teatrales como por ejemplo la participación de tres jóvenes, un varón representa a un torete otro al laceador y una dama representa a una vaquillona brava. Cada uno porta en su cintura un molde de queso seco duro, el joven laceador captura a los jóvenes disfrazados de animales simulando degollarlos en público, para luego repartir el queso troceado entre los asistentes. La celebración continúa con meriendas de pucapicante y abundante cancha. Tras la comida, se sirve cañazo, vino y chicha de jora, y prosiguen bailando y jugando al *Samaycatamunki*, un juego de preguntas donde quien se equivoca debe perder una prenda de vestir.

Wasicuscca: Ceremonia de techado de viviendas

Antes de la invasión española, los nativos empleaban intuitivamente una argamasa que consistía en: agua, tierra arcillosa, cascajo, piedrecillas pequeñas, gigantón o huallanca (variedad de cactus), ichos o pajas en trocitos pequeños, batidos con palos hasta alcanzar el punto ideal. Por ello, las construcciones no se derrumbaban fácilmente. El *wasichacuy* fue paulatinamente reemplazado en estos lugares, donde predominaban las piedras de todo tamaño, hasta cascajos pirca. La mezcla de agua, barro con arcilla, icho, y cactus resultaba consistente, a pesar de los siglos de exposición a las inclemencias del tiempo. Esta técnica de construcción perduró en el Ande peruano, mientras que en la costa se empleó el adobe, como en la cultura Chan Chan.

Con la llegada de los invasores españoles, los nativos comenzaron a modificar sus construcciones, pasando de estructuras sólidas de piedra y barro a muros frágiles y de corta duración, sin comparacion con las construcciones preincaicas e incaicas.

En cuanto al techado, las retamas y el icho fueron sustituidos por adobes y tejas. El proceso de elaboración de materiales y maderamen transformó las estrechas habitaciones en amplios espacios con varias divisiones.

Hacia 1700, gran parte de las paredes de las viviendas se construían con piedras y barro mezclados con argamasa. Con el tiempo, se incorporaron variaciones en la combinación de materiales de construcción. Por ejemplo, en la elaboración de adobes se mezclaba barro con tallos de trigo, cebada o icho, utilizando moldes de madera de medidas específicas. Estos bloques se secaban y luego se empleaban para levantar muros.

La elaboración de las tejas implicaba un proceso complejo (*Mincacusqa* para *Allpakusqa*), que incluía el traslado de tierra arcillosa con animales de carga. Una vez acumulada la arcilla, se decidía cuándo elaborar las tejas.

El día de la elaboración de las tejas, se convocaba a toda la población. El tejero, previa remuneración, traía su molde de madera. Otros participantes llevaban cuero crudo, al igual que la arcilla, que debía remojarse durante toda una semana. El día de trabajo, una persona se encargaba de distribuir la mezcla de arcilla, icho desmenuzado y excremento de ganado sobre los cueros. El tejero pisaba la mezcla hasta encontrar el punto adecuado de maduración. Si la arcilla no estaba lista, se devolvía para continuar el proceso. Finalmente, las tejas se secaban y se cocían durante toda la noche, entreveradas con bosta de ganado vacuno. Al terminar, las tejas se seleccionaban y se guardaban hasta el día del *Huasikusja* (techado).

El propietario de la casa preparaba dos tipos de chicha de jora, una normal y otra llamada *chuya acca* (chicha especial). También se ofrecía comida como maíz pelado, cuyes, gallina, puca picante y otras variedades, junto con cañazo (bebida tradicional).

El día del techado, el dueño organizaba una *minkakusqa* a todos los colaboradores y especialistas. Se preparaba una estructura de palos y carrizos, amarrada con sogas, sobre la que se colocarían las tejas. El padrino, nombrado por el propietario, colocaba una cruz o algún símbolo metálico en el del techo junto con un manojo de icho selecto. Luego, un grupo de mujeres subía al techo para cantar la *huanca o harawi*, pidiendo bendición a Dios y a los Apus. Terminada la ceremonia, se ofrecía chicha de *jora*, cañazo y comida a todos los asistentes, y continuaba la fiesta. Finalmente, los dueños de la casa se volvían a casar simbólicamente bajo el nuevo techo.

Todas estas actividades se realizaban colectivamente, en un sistema de trabajo recíproco conocido como *Ayni y Minca.*

Los habitantes también elaboraban objetos domésticos de cerámica, como jarros, tinajas de cuatro puntas, ollas, y botijas para conservar granos, metales, oro y plata. En algunos lugares, se han encontrado botijas tapadas con metales o vacías. Estos objetos, de barro rojo, eran útiles para almacenar granos secos. Las botijas eran cilíndricas, de boca angosta, con una altura de cincuenta a ochenta centimetro y una base estrecha, diseñadas para almacenar alimentos

Casaracuy en el pueblo de Yanaca

El *Casaracuy* o matrimonio no solo era festivo, sino que era una transmisión de poder del padre hacia el hijo. Los padres asumían una gran responsabilidad de organizar y celebrar el noviazgo de su hijo o hija. Para los padres del novio, era un proceso complicado que asumían con dedicación exclusiva, pues debían trazar una estrategia para ello. El primer paso era seleccionar una chica *manareccischalla*. La futura nuera debía de ser evaluada por sus cualidades, prestigio familiar, antecedentes, valores y posesión económica. En el segundo paso los padres del novio cortejaban a los padres de la futura nuera, para adquirir confianza y platicar, para ello colaboraban las labores agrícolas y domésticas. El tercer paso es el *Tapucuscca* o pedida de mano, los padres del novio visitan a los de la novia llevando consigo té macho (mezcla de té con cañazo). Si los padres de la joven aceptan la pedida de mano se procede a planificar los detalles de la boda como la hora, día, fecha y la designación de los padrinos para el *Warmi Orccoy* (salida de la novia de su casa paterna). Esta ultima ceremonia se realiza por los padres del novio, preparando un exquisito convite para entregar a los padres de la novia. Usualmente constituía veinticuatro cuyes y gallinas, puca picante, abundante cancha de maíz seleccionada, túmines de *Chuya Acca* (chicha especial de jora preparada a doble hervor con intervalo) para compartir con sus acompañantes.

Luego de esta ceremonia sigue el *Tincunacuy* (encuentro de la novia y el novio). La madrina y el padrino reciben el vestido de los padres del novio y visten a la novia, desde los zapatos hasta el sombrero. De allí nacen estos versos hechos canción:

Imatataj ccahuallahuanqui, chaquiymanta umApuntaycama, manallacho reccecillahuanqui vida pasaccmasiyquita. Morotoroyqui, chaynichanhuancho, zapatuchayta rantipuaranqui. Chaychun, chaychun ccahuallahuanqui, chaqueymanta umApuntaycama. (bis)

Un grupo de acompañantes suben al techo de la casa de la novia para plantar el *Huaylla Icho* amarrado en una estaca, otro grupo busca la gallina y el gallo, y otros cogen el Tunau, Maray, para llevárselo junto con la novia. Al compás de las melodías del arpa y violín, la novia y el novio, en brazos de los padrinos, se dirigen a su domicilio final en medio del bullicio de la muchedumbre. Un grupo de damas se agrupa y empieza a entonar la *huanca o harawi*, mientras que los varones dan un silbido fuerte y en voz alta pronuncian *Apanicho manacho, Wajo* (signo de triunfo, me llevo a tu hija); brindando con chuya acca. Prosigue la fiesta hasta que en el concejo la pareja firma el acta en el registro civil y el alcalde casa a los novios. Luego retornan al domicilio de los padres del novio, donde continúan la fiesta hasta la tardecita hora en que los padrinos encierran a sus ahijados en un cuarto para el *Reccenacuy* (luna de miel).

Concluida la ceremonia matrimonial, se instala una mesa dirigida por los padrinos, en la que estarán presentes los padres de los ahora esposos. En esta reunión se concede la herencia con la que construirán su hogar. El padre concede a su hijo sus chacras, casa, denominando lugares con todas sus colindancias, así como la cantidad de ganados que le donará. Igualmente, los padres de la esposa le conceden chacras y casas a su hija. De la misma manera los padrinos junto a y algunos asistentes donarían enseres necesarios para la casa del nuevo matrimonio.

A partir de ese momento los recién casados quedan bajo el tutelaje de los padrinos.

El padrino y la madrina asumen el papel de orientadores enseñándoles los hábitos de trabajo, a vivir en armonía, trabajar la tierra, cuidar sus animales y cuidarse mutuamente. Los padrinos intervendrán de inmediato como mediadores si la pareja tiene problemas buscando la reconciliación y la armonía en la vida conyugal del recién casado.

Mincakuscca

Consiste en una visita de casa en casa solicitando el apoyo en la roturación de las chacras. Para ello se reúne a cinco o seis sipas (mujeres fuertes) que cargan en su lliclla, un *Tumin* con contenido de cincuenta a cien litros de chicha (aríbalo o urpo) que deben llevar al *Yapukussca* (siembra de maíz). A ellas se les da un anticipo de cañazo, igual al dueño del *Toroyoq* (toro que cargara el arado). Al día siguiente, asisten a almorzar a la casa del dueño y este les sirve una *chuhua* de mote de maíz (en un plato de madera), acompañado de un pocillo de *uchucuta* (rocoto molido con ruda, perejil y culantro). Se suele acompañar esta comida con *aychataca*, que es carne seca chancada y picada. Se adiciona otra *chuhua* de *lawa* con trozos de charqui (Carne seca) para cada una de las personas que participan en el *Mincakuscca*. Concluido el almuerzo, llegarán a la chacra al dia siguiente a primera hora de la mañana, iniciando con *mujo tincay* (ceremonia breve antes de empezar a sembrar). Cada asistente lleva una tinaja en mano para brindar en un vaso cerámico con chicha, remojando un manojo de molle. Participan los compadres y comadres; ellos se arrodillan y entrelazan sus brazos implorando a Pachamama y al tayta *Orcco* (Apu), pidiendo su bendición para que dé buena producción. Luego, dan inicio a la siembra un grupo de damas, ejecutando la *wanca o harawi,* quienes imploran a la Pachamama y al Apu. Este canto lírico proviene desde los tiempos preincas e incas, y se patentiza en cada siembra. Concluida la jornada laboral, todos son invitados a sentarse a merendar el puca picante con un trozo de cuy. Para el labrador, dueño del toro, hay un cututo (cuy macho) entero con sus tortillas en una servilleta o mandil, acompañado de cancha, y sobre el asiento, su copa de cañazo o vino además de una tinaja de chicha de jora para compartir con todos. Al finalizar, entonan la huanca o harawi, agradeciendo que la siembra se desarrolló sin ningún percance.

Planificación anual de actividades agrícolas en Yanaca

El pueblo de *Yanaca* planifica sus actividades agrícolas considerando y respetando a las entidades que permiten el desarrollo prospero de su tierra como el Tayta Inti, la Mama Quilla, la Pachamama y su complemento el Apu.

El mes de siembra inicia en agosto y septiembre, comenzando con la preparación de la tierra, primero se realiza el abono y barbecho, luego la reparación de los andenes derrumbados. Se continua con la preparación de los toretes para que sean aradores y el regadio de las tierras secas para sembrar el maíz, preparar jora, elaborar chicha y la *Mincakuscca.*

Los meses de octubre y noviembre se dedican a la actividad *Allmay* (lampeo o aporque), costumbres ritualizadas al *Sara mama* (madre maíz). Allí celebran con chicha de jora, cañazo y meriendas elaboradas de hierbas silvestres como el *Atacco* consistente en labanos, condimentados con cebolla, ajo, papas y ollucos, mezclados con trigo, mote y cancha.

Al concluir la jornada laboral los pobladores juegan con *lahuacuta* (maíz molido), talqueándose entre sí. Concluida la temporada del *Allmay*, realizan el *Pataruy* (desyerbe), que consiste en quitar la mala yerba de los bordes del andén, dejando libres los choclos y evitando la colonización de roedores. En este periodo se dedican a la roturación (chajmeo) cada comunero participa en Laymi. El pueblo programa su año agrícola con el objetivo de proveerse de alimentos para pasar las temporadas de escases y tener recursos en caso la naturaleza no provea de lluvias y se genere una temporada de sequía.

El carnaval: Tinkunacuy

Jóvenes de ambos sexos organizan las fiestas del carnaval. Recorrerán las calles del pueblo cantando y bailando; con *wichicho* (personaje disfrazado de plantas trepadoras o *arwi*). El *arwi* lleva productos como carne, queso y hortalizas brindados por los comuneros. Se suele bailar al compás de la tinya, quena, guitarra, mandolina, charango, violín y arpa. Además de ello los *maqtas* y *sipas* se organizan para mojar a los carnavaleros con agua tintada y talco. Al siguiente día se planta un árbol adornado con artículos de vestir y objetos domésticos. Los comuneros suelen bailar y cantar alrededor de la yunza y con el hacha en hombro, se turna para tumbar la yunza; quien la tumbe será el *cargoyo* del siguiente año.

Al terminar la semana festiva del carnaval; los organizadores recuperan el tronco de la yunza y lo disfrazan con tela negra, simulando el hábito del difunto. De esta forma el es enterrado entre llantos por parte de la población.

La despedida y entierro del *Ño Carnavalón* se escenifica como una inversión del orden establecido. De esta forma la viuda debe de ser un varón disfrazado de mujer con muchos hijos, quien llora desconsoladamente pidiendo dinero y dotes para mantener a sus hijos. Los demás deudos bailan, cantan al compás de los instrumentos musicales. La población carga al difunto (tronco envuelto en trapo negro) y lo llevan hasta el lugar *Hatunrume*, donde lo enterrarán.

Idiosincrasia del pueblo de Yanaca

La comunidad de Yanaca muestra actitudes sumamente humildes, laboriosas y dinámicas. El poblador yanaquino es un excelente anfitrión además de ser personas perseverantes y creativas. En su mentalidad esta arraigada sus tradiciones y costumbres andinas, latentes en su mente lo que le permite mantener la reciprocidad con la Pacha Mama y los Apus. En el quehacer cotidiano, los habitantes de este pueblo están ligados a la agricultura y la ganadería.

La familia yanaquina está conformada por los padres, los suegros, los abuelos, los bisabuelos y los hermanos. Todos ellos formaban parte de la jerarquía familiar y todos trabajaban para mantener a la familia. Cada uno de ellos podía ejercer autoridad sobre cualquier miembro de la familia, por lo general el hijo mayor era el representante de los padres en su ausencia ejercía autoridad y era consultado para las decisiones más relevantes.

Los padres de familia educaban a sus hijos e hijas en buenos modales, normas de urbanidad, tradiciones, costumbres y valores como la responsabilidad, la honestidad, el respeto y el trabajo. En sus quehaceres cotidianos, siempre incidían en los tres pilares éticos y morales andinos: *Ama Qella*, no ser vago, el *Ama Sua,* no ser ocioso y *Ama Llulla,* no ser mentiroso.

Creación literaria dedicada a mi tierra Yanaca

Recuerdos de infancia

A los siete años, en *Plazapampa*, así le llamaban al actual parque del distrito de Yanaca, comenzó mi historia.

En una mañana nublada y de garúa, me trasladaba a la escuela 675 de la mano de mi madre, Isabel Gómez Huaraca. En una mano llevaba el dinero para pagar la matrícula y, en la otra, un obsequio para el maestro con el objetivo que ayudara a *Jesusito* a aprender rápidamente.

Con mis compañeros y compañeras de aula, recogíamos florecillas del árbol de cedro y frotábamos los pétalos sobre el papel, descubriendo la pigmentación y con él coloreábamos nuestros dibujos. Con el tiempo, aprendí a treparme a las ramas de aquel cedro para sujetarme con una soga y columpiarme, jugando con mis amigos de la escuela 675 de Yanaca.

Al concluir la floración, las plantas se secaban y se convertían en frutos secos, cuyo pecíolo terminaba en una punta sólida, parecida a un trompito. Tomando la semilla con los dedos, girábamos el pecíolo hacia abajo, semejante a un trompo y competíamos con mis compañeros.

Además, elaborábamos pelotas de trapo con agujas, trapos, medias usadas, hilos gruesos y otros materiales hasta completar la pelota. Una vez hecha, me llevé la pelota para jugar con mis amiguitos durante la hora de recreo. Era fuerte y dura, y nunca se acabaría mientras jugáramos con ella. Sin embargo, me aburrí y le reclamé a mi mamá, llorándole para que me comprara una pelota de jebe, que rebotaba tan alto que parecía llegar al cielo. Me complació, pero cuando jugábamos con esta nueva pelota de jebe en una calle llena de espinas de gigantón o huallanca, se pinchó y se desinfló. Fue tal la situación que no hubo culpables ni autoinculpaciones; entre llantos y risas, regresamos sombríos porque aun así seguiríamos jugando con la pelota desinflada.

Los Jarqachos

Este era el nombre para las personas que procreaban entre hermanos o dentro de la familia nuclear. Según el acervo popular yanaquino, esta era una forma de educar a sus hijos e hijas; así recibían una educación firme. Aquellos que cometían este acto pecaminoso entre parientes eran condenados por su propia conciencia. En las noches, salían sonámbulos, convirtiéndose en *nina quiro* (diente de candela) y *nina chupa* (cola de candela), arrastrando una pesada cadena de fuego que los acompañaría incluso después de su muerte.

Castigo a los abigeos

Yo estuve presente, cuando montaron sobre un burro a un abigeo, obligándolo a cargar el cuero del ganado que robó y pregonando que él había degollado este ganado, dando la vuelta a todo el contorno de la plaza. A partir de ese castigo ejemplar, no se repitió esa escena.

Trompito de molle pintadito de color amarillo

Un día, entusiasmado, salí a cortar árboles. Traje tallos de molle, medio lechosos, de cuyas cortezas afloraba resina que empecé a extraer, procurando dejar la superficie blanca. Mi padre me sorprendió, sudoroso y jadeante, advirtiéndome que tuviera cuidado al manipular la herramienta. Me advirtió sobre la azuela, pero proseguí con la idea de terminar. Fue muy complicado moldear para colocar el clavo en el trompo. Todo el día estuve trabajando, y al rato siguiente busqué las pencas de cabuya para extraer la fibra con mi muela. De esta fibra elaboré la huaraca o pita para hacer bailar y jugar al trompo con mis compañeros durante la hora de recreo.

—¡Apostarla! ¡Chócala, compadre Isaco! —grité mientras entraba a competir. Con la primera picada, lo rajé, y me llevaron a la cocina. De allí no salió mi primer trompo, que me costó mi sudor. Otros compañeros se asombraron y reclamaron:

—¡Cualquiera lo raja a un trompo mojado y de mollecito nomás! Vas a ver, para la próxima iré a ni Wayuncullco a traer estilo, con el que utilizábamos para hacer bailar el trompito con los dedos y dar vueltas. Con ella compartíamos el juego.

Arbolito de Plazapampa

Arbolito de cedro, compañerito de mis recuerdos, cuántas añoranzas: lloviznas en el invierno y en verano, testigo mudo de mil acontecimientos, como en la corrida de toros del veinticinco de julio, durante la fiesta del patrón Apóstol Santiago. Como un burladero, arbolito frondoso; a veces peladito en otoño, verde esperanza. Con cuántas lágrimas riegas tu existir.

Pero hoy, ubicado en el parquecito, acompañadito y embellecido con las plantitas de retamal amarillito, abrigas mil incógnitas.

Tierra Yanaca, barrio Qollana, baúl de recuerdos donde esos pasos generosos de abuelos, padres, madres e hijos se han compartido y continúan compartiéndose, interactuando sentimientos a través de todas sus generaciones. Pasos que fueron espolvoreados por el viento y endurecidos con el tiempo, rociados con el ifupara (garúas de lluvia).

Caminito de Yanaca

Caminito, con subidas y bajadas de arbustos y árboles que conducen a los caminantes a distintos parajes del barrio *Qollana*, es testigo mudo de llantos y risas.

El caminito serpentín es un recuerdo imborrable del pueblo Yanaca hacia su localidad *Arrauchacra*; un paso obligado por *Huayraccaja*. Desde este lugar bifurcan dos caminos: un camino *Atun Ñan* (camino ancho y grande), por donde se transportan en acémilas pesadas cargas de ida y vuelta, y el otro caminito *Runa Ñan* (camino por donde cruzan personas a pie), paso obligado por *Ayataccsana*, con agüita cristalina que discurre por la quebrada. Este es el lugar elegido por los pobladores yanaquinos y yanaquinas para lavar la ropa del difunto, donde también llevan exquisitos manjares del que, en vida, fue un personaje relevante. Entre llantos y tristezas, dejan bajo las sombras de aquel arbolito exquisitos manjares. Al pasar por este lugar, muchas almas bendicen con el soplo del viento la vitalidad del caminante allcceño, quien a veces camina acompañado de bebidas como chicha y cañazo, después de labrar la tierra en *Arrao chacra*, el labrador con sus herramientas al hombro: la *tajlla* y el yugo, acompañado de su amigo fiel retorna a su dulce hogar.

Caminito enigmático, serpenteante, describe señales ancestrales. Cuántas veces imposibilitado de escalar a sus Apus *Achoccanta* y Apu *Achancelo*. Preciosos picos elevados revestidos de árboles Cceuñas que se desprenden de sus cortezas sedosas y finas. Entre sus pliegues, cual abrigo, el soplo del viento armoniza con el trueno y el rayo, iluminado por el relámpago, adornado con hermosas florecillas de *huaraccos* (una especie de cactus pegado al suelo como cabelleras blancas) que florecen en un amarillo brillante, adornados con clavelitos de color multicolor que crecen en el Ande, alternando con el bicolor *Surpotica* intercalado con otras flores tubulares de color anaranjado.

Memorias y melancolías

Se le denomina *guacco guacco* a la flor tubular de color anaranjado que decora el enigmático *Raki Raki* en el Apu *Achancelo.* En mi memoria queda grabado mi admiración, encanto, pasión y respeto por su ecosistema y biodiversidad. El Apu *Achancelo* con sus aristas temibles e inaccesibles para los pobladores allcceños protege a los árboles cceuñas, de cuyas cortezas se desprenden sedosas cáscaras que envuelven su tallo. Estas se desprenden de vez en cuando, y se puede apreciar el aspecto físico del Apu *Achancelo*, observando todas sus características de formaciones rocosas inaccesibles a través del tiempo. Se visualizan peñas nacientes de la matriz y astillas de piedras pequeñas por los fenómenos meteorológicos como vientos, nieves, granizos, calor, rayos, etc. *Apu Achancelo*, en silencio, guardas muchos enigmas.

Eres pintoresco y atractivo, tallado por los fenómenos meteorológicos, permaneces erguido, e impasible esperando alojar en las machay (cueva) a los caminantes que buscan resguardarse de la lluvia y viento, al lado está el esparcimiento *Tacrapampa*, donde discurre el riachuelo de aguas cristalinas alimentado por burbujas de los manantiales aledaños.

Chucjllahuasi: choza de mis recuerdos

Allí donde los Apus disputan el atardecer nubloso, con rayos y truenos; *llipij, llipij* (reflejos de relámpagos) en un cielo cubierto de nubes negras y oscuras. Juguete del viento, batiéndose de un lado a otro hasta que se descarga un fuerte estruendo, un rayo que hace estremecer al Apu contrario. El sol aparece de vez en cuando por el horizonte, y un arco iris pinta el cielo gris, acompañado de truenos y vientos que silban con el vaivén del *icho*. Además, las *laslas* como hielo molido, granizos y neblinas pintan el suelo andino de blanco, reflejando de vez en cuando, *llipij, llipij,* como lucecitas encendidas dentro de la atmósfera negruzca, esperando relampaguear. Los Apus conversan entre ellos, Apus como *el Achoqanta, el Tunapita, la Palmadera, el Pujpuquiri, el Soraqocha, Labrata, el Piste Cujchi* y *el Apu Suparaura.*

Sentadito en una roca y cerquita del cielo, estoy con mis siete abriles observando esta lucha desproporcionada entre los Apus. Susurrando, tembloroso, con mis huesitos repicando tin tan, con sus cabellos parados como erizos de miedo, observando desde dentro de su choza, tiritando de frío, con un ruido ensordecedor y el miedo por las lluvias torrenciales y granizos que van cubriendo todo de blanco.

Al rayar la aurora, con los reflejos de los rayos del sol naciente, entre las rocas aparecen los *ajiles,* vizcachas, entre las florecillas del guajo de color anaranjado cuya forma tubular asemeja a la flor cantuta que florece entre las rocas y cuyo fruto maduro es exquisito, ideal para degustar al huajo, huajo, allí al costado de mi chocita en *Yanaca,* a la vuelta de *Qoshjochihua.*

Yanaca, lugar donde vi cómo mis padres construyeron la chocita de mis recuerdos trayendo ichos largos para el techado. Mis padres levantaron la pared de barro mezclado con icho troceado, mezclado con tierra y piedra al estilo de los preincas. Buscaron para el techo palos grandes, gruesos y derechos de *chuyllor y tassta,* subiendo desde el bosque de *Puncuya.* Mis papitos armaron el techo acompañándolo con palos más delgados, sujetando con *aroé* de tintín y tumbo para que no se lo lleve el viento, cubriendo el techo con *icho* y evitando que el soplo del viento lo levante.

En seguida plantó más postes para colgar todo tipo de quesos: moldes, masas, razoncitos, quicillos, etc.

Chocita de mis recuerdos, donde desarrollé los valores de responsabilidad, trabajo y respeto, cuidando a los animales. Hoy evoco, nostálgico, a mi tío Andrés Gómez. *¡Gratitud infinita a usted!* Toda mi vida, *¡Gracias, tío Andrés hasta el cielo*!

La madrugada siguiente, dentro de mi Chocita, encendí la cocina con pajitas en el fogón. La mañana fría traspasaba el humo entre el *icho* y el techo, confundido con la neblina, mientras sancochaba papitas con olor a tierra fresca o arja, recién escarbada, para mi desayuno. Preparé un suculento *uchucuta*, hecho con cuajada, rocotito verde picado en trozos, de mi huerto o traído del hermoso valle de Tumire, culantro, con abundante queso. *¡Um, qué rico con papas sancochadas!*

Cabañita de *icho*, bien techadita con piedra y barro, amarradita con tintín y tumbo; palos de *chuyllor, tassta*, de la zona ecológica del paraje *Puncuya Yanaca*; con manos firmes de mi papito Sixto Conde Rivera, bien segura y capaz de soportar fuertes torrentes de lluvias, granizos y vientos en las frías punas cordilleranas. La chocita bien atada con tallos trepadores de tintín y tumbo; ni el ventarrón la desvestía.

Chocita implementada con la producción diaria de queso de todo tamaño. Mi madre amasaba los quesos en las noches utilizando cinchos (tejido de icho, preparado previamente). El cincho se amarra con una servilleta, se aplasta con una piedra plana toda la noche para dar forma. Concluida la elaboración, nos espera la cena, con un suculento uchucuta preparado con suero, quesillo, huacatay, elegante chimpa, culantro, y qolla papa (papas frescas, recién escarbadas en una chuita (recipiente torneado del árbol). Al siguiente día, se desata la servilleta, los bordes del molde se cortan con una cerda, especie de hilo de la misma vaca.

Terminada la cena, mastakusunchis (tender nuestra cama y dormir), a modo de calentar la cama, contándonos cuentos y adivinanzas como: oqa oqacha, el atoq y cóndor, los dos hermanitos y la diabla, tantos otros relatos. Los cuentos están dirigidos a difundir los buenos modales, evitar los malos hábitos y adivinanzas (*Imallaypas Aycallaypas*)

Al despertar en la mañana friolenta, entre el trino bullicioso de las aves, prendo fuego en la cocina, sancochando papitas, retirando la servilleta del molde de queso, cortando el borde del molde de queso cochupa y su uchucuta, disfrutando de este exquisito desayuno. Concluida la merienda de la mañana, me topo con la morovaca, recién parida, que llega bramando para dar leche a su cría, mi madre coge un balde y ordeña leche fresquecita, calientita, espumosa y apetitoso. Apenas termino de desayunar, la pasión por beber leche inicia, degustando al antojo con olpada de cebada, haba, trigo, cancha de alverja, cancha de cullisara, chachapita y chullpi.

Los quehaceres parecen nunca acabar. Un día agotado y divertido; en el lento atardecer mi madre me indica separar otra vez los becerros y encerrarlos en un corral, para que al siguiente día suelten a los pequeñuelos y coman pasto.

Vivir en la cabaña a corta edad ha sido muchas veces gozoso, también triste; otras veces sorprendente, en situaciones aterradoras. Por ejemplo cuando se ve pelear al perro con un puma, uno empieza a intuir cómo ayudar al perro en una lucha desgarradora en la que los colmillos del puma se entrecruzan con la piel de mi mascota. Yo rompí el silencio y el miedo, cogí el palo más pesado que encontré, acerté un garrote en el hocico del puma, lo que disminuyó su bravura y permitió que mi perro reaccionara y se soltase. Finalmente, el puma escapó.

Un ambiente maravilloso, entre chirridos y trinos de múltiples aves, con una flora espléndida y el rayar auroral digno de admirar. Se escucha una armonía musical, como estruendos sumamente agradables, donde sobresale el trinar del ruiseñor (checcollito), el avecilla pequeñín con su piquito tan diminuto; muy locuaz, un desosiego. También canta el zorzalillo; el multicolor jilguero (tuya) de plumaje variado, pájaro plomizo, y el *huay chao*, con copete de plumaje gris y cola blanca, aunque su trinar es un desacierto malagüero.

Finalizado el trinar de las avecillas, cada pajarillo vuela a buscar su alimento algunos de ellos ya no regresarán a su nido para compartir la noche ni la mañana bullanguera, pues serán víctimas de las águilas o del *quillincho*, cumpliendo así la cadena alimenticia. Por ello, los humanos tienen la obligación de proteger y defender todo el ecosistema y el medio ambiente.

Caballito bayo en Leonpampa

Cerquita del monumento arqueológico de *Tunauccasa o Tunayaccasa* esta *Leonpampa*, vivienda de los preincas, donde dominó la cultura Wari-Pocras, Chanca e

Incas, y morada de la población Yahuarcco y posteriormente *Pupunchihuanay.*

Este es un espacio recreativo de la población Yanaquina donde la comunidad acude y suelta todo tipo de animales. Allí, tenía que encontrarse, descansando plácidamente con su potranca, mi caballito bayo, brioso y ansioso. Cogí una soga hecha de su propia crin, blanca y humeada, y le acaricié la columna, palmoteándole antes de cabalgar a pelo. Después de unos cuantos galopes, se dirigió hacia su potranca, señal de su despedida. Brilloso y cariñoso, movió la cola y las orejas, emitió un relincho agudo y emprendió unos pasos hacia mi casa, en *Achasuma*. Al llegar, saqué una montura y un manojo de alfalfa. Mi bayito me lamió la oreja en señal de agradecimiento.

Saque su tapaojo, para mi bayito un par de ponchos rojos de pallay hilado, tejido por mi preciosa madre, Isabel Gómez Huaraca. Mi madre con dulces voz y suaves manos, me sirvió un suculento desayuno en la mañana fresca y serena. Nos sentamos juntos a sorber la exquisita *lawita*, manjar de mi infancia y pubertad con hierbas y abundante charqui deshilachado, acompañado de cancha de maíz *culli sara* y *uchucuta* molida con perejil y ruda, que me gusta. Esa canchita, suave, fresca y un poco dulce, fue cultivada y cosechada en mi zorral. Conversando, entre risas y alegrías, terminamos nuestra merienda con mi madre, reina y señora de mi vida.

Mi madre se levantó y amarró en una servilleta la crocante cancha de *chullpi sara*, junto a un molde de queso, un litro de *chuya acca* y un cuartito de cañazo, para hacer un *pagapu* al Apu y brindar a la memoria de mis abuelos: Matías Gómez, mi abuela Gregoria

Huaraca y mis abuelos paternos Raymundo Conde Cárdenas y Nolberta Rivera Callalli. Con el alma de ellos, brindaría para llegar al pie del Apu *Cujchi*, según el encargo de mi madre, ella con amor me recomendó tener mucho cuidado de no caer del caballo: *Hijo mío, agarra bien las riendas.*

Cabalgué y emprendí, entusiasmadamente, a galope por el camino de *Pampaccocha*. Llegué veloz hacia *Tanccama*, *Supayo* y *Atero*, escalando por las vueltas de *Tasccaray*, camino arriba hacia el lugar Yanaca. Volteé a Qosccochihua. El bayito encontró el puquialito de *Pisaccala* y sediento, sorbió agua y emprendió a galope, pliegues tras pliegues, por las praderas. Dobló hacia *Pujpuquiri*, divisando a su paso superficies planas, escaló ligeramente inclinadas hacia *Soraccocha* y, veloz, subió cuesta arriba, jadeante, hacia la cordillera, al *Apu Cujchi*, huaca más elevada de esta.

En esa superficie plana junto al Cujchi, desaté la servilleta bordada por las manos diestras de mi madre, con hilos de colores. En ella venían cancha, queso, chicha, vino, cañazo y una copita para brindar con mis abuelos. La servilleta estaba punteada con figuras vistosas obra de las manos e ingenio de mi madre, Isabel Gómez Huaraca, quien había atado crocante cancha *chullpi*, *chuya acca* y cañazo. Comencé a rendir tributo al *Apu Cujchi* y a mis abuelos, cumpliendo el encargo de mi madre. Me arrodillé, levanté mi sombrero, elevé una oración y empecé el banquete. Apenas concluí mi merienda, empezó a nublarse y el cielo se oscureció. Un aire frío y unas cuantas gotas de aguacero eran señal de mi retorno.

Con el caballo bayito, comenzamos a descender, paso a paso, hacia la entrada de la laguna *Yoricocha.* Parado y quieto, mi bayito se asomó al agua, sorbió durante largo rato y relinchó ágilmente con toda su fuerza, anunciando que buscaba a su potranca. Cabalgando sobre mi bayito, medité sobre las andanzas de mi infancia tras mis vacas, divisando el movimiento del agua cristalina de la laguna, tratando de ubicar las truchas que un día vi en mi niñez, peces de gran tamaño que jugueteaban en el agua. Solo me conformaba con contemplar el silbido del icho y el viento frío, junto al vaivén del agua azulina.

El loro Serafín y don Leocadio

Don Leocadio, una persona seria y trabajadora, había adquirido dos propiedades. En una de ellas, producía limones, naranjas, higos, lúcumos, paltos y un poco de maíz. En el otro valle cercano, cultivaba variedades de cereales: maíz, trigo, cebada, menestras, tubérculos y melocotones o duraznos.

Don Leocadio estaba entregado a las labores agrícolas en sus pequeñas parcelas, trabajando incansablemente, ya que era el único sostén de su familia. Frecuentemente, comercializaba los mejores productos, como duraznos, naranjas, limones, higos y paltos, así como choclos grandes tipo Urubamba, que eran bien cotizados en los mercados de Abancay y Cusco. Al regresar de estos lugares, tras haber comercializado, divisó a lo lejos un amplio espacio y pensó en sus huertos. Sorprendido, vio ingentes bandadas de aves con plumajes verdes y picos blancos volar en grupo, trinando bulliciosamente, como si estuvieran uniformadas.

Don Leocadio comenzó a dialogar con su esposa sobre estas aves. Su señora le comento *estas aves, cuando comen, tienen la costumbre de no hacer ruido; posan sobre las ramas de los árboles. Los hambrientos loros acaban, en contados segundos, con todas las frutas y choclos que encuentren a su paso*. Así terminó el diálogo, sintiendo desconfianza hacia aquellas avecillas.

Era la primera vez que veía lo ocurrido y se imaginó a sí mismo hablando entre ellos. Abrió la ventana de su camioneta y observó una mancha de plumajes verdes que se dirigían hacia su huerto. Nervioso, no sabía qué hacer abría y cerraba las ventanas de su camioneta una y otra vez, desesperado e impotente, hasta que decidió acelerar su vehículo.

Al llegar encontró un lorito que apenas podía caminar, con el buche lleno por haber ingerido en exceso. Don Leocadio tomó un palo grueso para golpearlo, pero luego reaccionó y optó por cubrir al lorito salvaje con una manta y de inmediato, le cortó las plumas de las alas. Se acercó a su familia y propuso bautizarlo con el nombre de Serafín, para adiestrarlo y tenerlo como compañero en el huerto. Serafín aprendió rápidamente a imitar sonidos, empezando a llamar a Don Leocadio por su nombre y luego anteponiendo *Don*, imitando a la esposa.

Serafín se levantaba temprano, antes que toda la familia. Sacudía sus alas extendidas y trataba de decir: *Don Leocadio ¡Corre!, ¡corre!* Se trepaba sobre las ramas del verde molle, donde cotorreaba y vigilaba a su alrededor. Un día, a lo lejos, divisó bandadas de loros. Apenas se notaban sus picos curvos y blancos, pero su plumaje verde se dirigía hacia la chacra de Don Leocadio. Una y otra vez advertía: *¡Corre, corre, Leocadio! ¡Vienen visitas!* Estas aves, en grandes cantidades, cubrían todo el cielo azul, convirtiéndolo en un color verde. Don Leocadio, en su desesperación, corría de un lado a otro, preparándose y dando órdenes a su familia, incluso a Serafín, a quien le colgó una campanita en el pescuezo, que sonaba "tin tan" con sus movimientos mientras silbaba y hablaba: *¡Plaga, plaga!*.

Nervioso, Don Leocadio comenzó a tartamudear, evocando lo aprendido en su infancia: *w.w. walu, walu... ¿walu, walu?* Mientras batía ponchos rojos y lliclIas de pallay junto con su lorito Serafín, hizo sonar la campanita más fuerte que las veces anteriores. Así lograron espantar a las aves ese día. Mientras Don Leocadio se dedicaba a preparar más espantapájaros, en un descuido, parte de los loros habían atacado a picotazos a Serafín, dejándolo sin plumas y temblando de frío. Solo se notaba su tremendo pico blanco. Serafín se paseaba por los pasadizos, repitiendo: *¡Estoy calato! Culpable, Don Leocadio.* Al oírlo, Don Leocadio decidió confeccionar una ropita de color rojo intenso, carmesí, con un copete de colores del arco iris. Realmente, Serafín parecía un espantapájaros y se trepó al más alto de aquel eucalipto, destacándose como una bandera en un mástil, flameando.

Don Leocadio, asombrado por la actitud de Serafín, entró a su chacra, arrancó un choclo grueso y grande, y lo sirvió en un plato de cerámica decorado en señal de agradecimiento a su amigo, el lorito Serafín.

El general Atoq y el apestoso Añas en el bosque de Puncuya

Una mañana en el bosque de Puncuya, bajo un sol radiante y una ligera llovizna, la atmósfera se pintaba de siete colores. Aparecen los protagonistas de esta historia el general Atoq, acompañado por sus súbditos, tuyas o jilgueros y los huachaos (pájaros de plumaje plomizo y cola blanca, cuyo trinar se dice que es malagüero). Fueron convocados también los checcollitos, o ruiseñores (pajarillos pequeñitos con picos diminutos, ágiles, desasosegados y bullangueros), precediendo la corte del general *Atoq*.

En esos momentos, un hambriento *Atoq* dio un salto y se tragó un nido de colibrí de plumaje azul brillante junto con sus pichones. Las demás avecillas se aglomeraron, chirreando en protesta. Tanto fue la bulla que el eco replicó en las rocas; el sonido retumbó y despertó al Añas. Este salió de su madriguera, dispuesto a orinar sobre su cola esponjosa, y sacudiéndola con fuerza, comenzó a espolvorear orina como aerosol cubriendo todo el entorno. La sorpresa de los plumíferos aturdidos los hizo volar en todas direcciones, circunstancia que aprovechó el Atoq. Este último dando un zarpazo atrapó un buen número de pájaros.Así concluyó la historia del general Atoq y el apestoso Añas.

El caminante supersticioso

Un día, a las cuatro de la mañana, partió el caminante montado en su caballo jobero (color blanquinegro). Amarrado en su espalda llevaba su poncho, y dentro de él, su quena y su huaraca, hecha de la misma cerda de su caballo jobero. En la alforja llevaba cancha purita de cullisara (maíz morado), un molde de queso de un año (huata queso) y un cuchillo puntiagudo. Cabalgaba a trote camino arriba hacia *Amaycce*, cuando se le cruzó un añas. Al borde del camino se escuchaba el trinar del *Paccpaco* (lechuza) desde el ramaje de un eucalipto, trinando su malagüero.

El caminante, con los cabellos encrespados y paliducho, rompió el silencio tocando su quena con la melodía de *Mi Yanaca Inolvidable* y, acelerando los pasos de su caballo jobero, se dirigió hacia el *Apu Condorjarcca*. De pronto, se escuchó el trinar característico de un *Akajllo*, quien, de brinco en brinco, anunciaba su llegada. Pasos más adelante, se oyó el silbido de un *Huay chao*, que presagiaba la mala suerte. El caminante, al ver estos augurios, presintió una desgracia y, subiendo a galope hacia el pajonal, entre el ichu se escuchó al *tuco* (otra ave de desventura). Al oír esto, se puso tan tenso, malhumorado y aturdido, que movió el cabeza dubitativo.

Cerca de él vio al *Sihuarccente* (colibrí), de pico delgado y plumaje azul brillante, quien, con su chinchorreo, adivinó su tristeza. El caminante, sorprendido por cada escena de las avecillas que veía a su paso mientras descendía al frondoso bosque de *Apu Condorjarcca*, alzó su mirada hacia la cima y vio al *quillinchu* (cernícalo) persiguiendo al gavilán que, entre sus garras, llevaba una perdiz. Al ver estos tristes augurios, entristecido y solitario, comenzó a llorar, sus lágrimas fluyeron engrosando el riachuelo de *Tumiri*, que serviría para el riego del valle frutal de Buenavista.

Qosñitoro en Huamanihuayta

Un toro hermoso, de color cenizo y con cuernos afilados, derribaba montes y levantaba polvareda, bramando tras el arco iris que reflejaba una luz tenue. En ese momento, se escuchaba un suave silbido y una vocecita aguda que retumbaba en el eco de una fina vocecilla. A paso lento, se aproximaba una pastora presurosa tras sus rebaños, cargando en sus brazos un tierno corderito, al que cariñosamente le decía *llumicha* (corderito recién nacido), acariciando dulcemente al lanudo.

La pastora cubría su espalda con una mantilla de vistosos colores, sujeta con un palito puntiagudo a la usanza de una princesa inca; llevaba en su fiambre un apetitosa mixtura de cancha crocante chullpi y varias *racioncitas* (bolitas de queso), acompañadas de su *uchucuta*, perejil y ruda, en una *chuwita* (platito de madera torneada) salpicada con *aychataca* de oveja (carne seca tostada fragmentada, en salsa de rocoto, con yerbas), exquisito menaje atado en *suysuna* (pequeño mantel de tela) bordado con hilos multicolores teñidos con colores brillantes como el amarillo de la corteza del arbolito *tenterco* y salpicado de rojo carmesí. En los bordes y el centro de la servilleta, se representaba un picaflor con alas extendidas, como si chirreara, de plumajes espectaculares cuyos colores coordinaban con su chamarra y su pollera pintoresca, matizando la naturaleza de *Wamanihuayta*.

La pastora acampó junto al frondoso *Tassta* (árbol de chachacoma de tiempos inmemoriales), alegremente interpretando canciones mientras estiraba lana para su *pushca* (palito de hilar), hecha de la lana de sus ovejitas, preparado por su abuelo. Concentradísima, cantaba e hilaba, mientras sus ovejas balaban con sus crías inquietas de un lado a otro. El sol apuntaba a la una de la tarde, por lo cual bajó su fiambre de su espalda, desatando su qepina (paquete de pallay), que tendió sobre el suelo. Cogió la servilleta en la que traía su exquisita merienda y acomodó su pollera sobre el blanqueado tronco, mientras ponía su mantilla para saborear su comida.

Tendió su lliclla sobre el verde pasto y desató todo el contenido de su fiambre y su uchucuta, deleitándose con el manjar.

Transcurrido un tiempo, el cielo se oscureció, cargado de nubes y viento frío, que se desprendía en pequeñas gotas de lluvia. Recogió rápidamente su servilleta, envuelta en su lliclla, cargándola en su espalda, asustada. Se asomó junto al árbol para buscar sombra. Minutos después, vislumbró un *illapa,* acompañado de rayos, que hizo estremecer todo *Wamanihuayta*. El rebaño se dispersó asustado y suspicaz, en medio de zozobra y desesperación. La pastora se trepó rápidamente al árbol, desde donde asechaba al *Qosñitoro*.

Vio cómo el toro trotaba de un lado a otro, bramando y batiendo la cola, moviendo la cabeza bravío. Plantó sus cuernos en el suelo, levantando polvareda, soplando como si lanzara fuego con babas, como rayos de sol, mientras bramaba y escarbaba con sus patas, casi enterrándose en la tierra espolvoreada.

El *Qosñitoro* comenzó a perseguir a cada oveja para cornearlas, a medida que sus cuernos hacían contacto con la lana de las ovejas estas se iban convirtiendo en piedras. La pastora, al ver esto, se horrorizó y se subió a un árbol grueso, alto y frondoso, desde donde observaba con ojos saltones de pánico. En su desesperación, miró en todas direcciones, al ver que sus ovejas se convertían en piedras, desconsolada la pastora se trepó a un peñasco próximo y al ocultarse entre *ichus* y piedras se transformó en una bella flor de *Achanjaira,* que según la leyenda continua embelleciendo *Wamanihuayta* hasta ahora.

Chihuaquito, zorzalito

Te encontraron en el acto degustando una lombriz. Pajarito cantor, noble y tranquilo, en las riberas de los ríos, con pico amarillo y plumaje negro intenso, en las punas a más de 4500 msnm, de plumaje plomo claro, te alimentaste de frutos frescos de la *tuna, tintín* o granadilla secos, pepas de molle, granos de maíz y otros frutos silvestres.

En el *Yapuy* de maíz, junto con el agricultor, el *chujchico* pendiente del labrador, brinco, tras brinco, chihuaquito; trinas, que trinas, *chujchic*, detrás de mí, cuando mi madre me suelta de su espalda, donde venía cargándome en lliclla pallay, con una multicolor combinación y un mantel especial bordado. Al llegar a la chacra, me suelta al suelo, puesta con mi *walicito* para evitar que me ensuciara.

De esta manera, intuitivamente, las mamás ponen en contacto a los niños con la naturaleza y la Pachamama. Así se enraíza el amor por la tierra.

Pajarito, locuaz: Cheqollito (ruiseñor)

En la madre naturaleza, mientras no exista contaminación ambiental, se disfrutará de todo el ecosistema y el equilibrio ecológico. Se escuchará el dulce trinar al rayar la aurora y al ocaso del astro Sol. Los hermosos trinos afloran por tu piquito, de color sui generis. Pajaritos pequeñines, cautivadores, agrupados en tus bandadas o solos, pero locuaces y bullangueros, parecen ser periodistas; brincan, tras brincos, de rama en rama, volando y publicando la presencia de los carnívoros como el zorro, el gato montés, el puma, el Añas y muchos otros mamíferos. En el bosque con tu trinar, anuncias la presencia de estos carnivoros. Nadie más es capaz de publicar escenas teatrales de los mamíferos en el bosque solitario. Es una realidad diferente de seres vivos que, con su trinar, armonizan el ecosistema, regulan el equilibrio ecológico el medio ambiente, que da vida y contribuye a la vida humana, existen en una interdependencia con todos los seres vivos.

El añas y el zorro

El añas es un mamífero silvestre, por lo general nocturno; a veces travieso e inquieto, husmeando por el campo. Ve una granja de gallinas, y ni corto ni perezoso, el *añas* coge a la gallina más grande, la sustrae del corral y al ser sorprendido por el señor zorro este le dice: *¡Hola, mi amigo añaco! ¿Ahora compartiremos nuestra presa?* amable al principio y rabioso después. Ambas fieras, furiosas: uno por mantener la presa y el otro para arrebatarla. El añas suelta inmediatamente su orina fétida como medio de defensa para espantar al zorro.

El zorro, en vez de correr de espanto, abre su boca con la intención de arrebatarle la presa al añas. Este, tan perplejo, suelta la presa a regañadientes, y el zorro, lento y calculador, avanza al trote, cuidando su presa. Algún carroñero puede que intente arrebatarla. Así concluye la noche serena y tranquila.

Es importante puntualizar que la alimentación del fétido añas es omnívora, aunque su preferencia son las raíces silvestres. Sale de su madriguera o hábitat y a veces regresa a ella apresurado, buscando el silencio solitario.

Huay chao o huaychaco

Es una avecilla de plumaje plomizo, de contextura delgada, con patitas y pico negro, y ojos verdosos. Ágil y liviana, su cola es de color blanco. Trina con el pico cerrado, emitiendo un sonido que parece exhalar, y su canto es casi inaudible. Vuela de rama en rama y de peñasco en peñasco, y cuando se posa sobre la cordillera, lo hace sobre las rocas. Al asechar a alguna persona, comienza a emitir su trino, una especie de silbido fortuito.

A este silbido se le atribuye un carácter malagüero, y empieza a cavilar, conjeturando sobre hechos o sucesos que han acaecido, o sobre alguna desgracia humana. Esta superstición, subjetiva sobre los presagios de hechos o desgracias que han de ocurrir o que han ocurrido, está inmiscuyéndose en el silbido o trino del *huay chao,* considerándolo malagüero.

Las creencias y suposiciones fortuitas suelen imaginarse en relación con accidentes casuales o coincidencias que han tenido lugar. Si un viajero está de paso por otras ciudades y escucha el trino de esta avecilla, es seguro que le pasará alguna desgracia. Esto lo sumerge en la tristeza y la desazón ante el anuncio del pájaro malagüero, comenzando a sollozar con lágrimas en los ojos, incierto de su destino.

Huayno nostálgico

> *Lagunita, lagunita (bis), espejo de mis recuerdos (bis), yo también quiero mirarme, en tus aguas cristalinas (bis).*

Agüita cristalina, lágrimas del Apu Cujchi, yo te vi vestirte de blanco en una tarde de invierno entre granizos, lluvias, relámpagos, reflejos de Illapas, cuando salía *chirapos* (arcoíris) de tus aguas cristalinas. Y chispeando cohetones que reflejaban en el cielo nubloso. Aquella tarde de algarabía con cohetones prolongados, cual serenata al Apu Cujchi, Pueblo de Yanaca, baúl de recuerdos; patio solariego de Leonpampa, espacio inmensurable donde frecuentan para alimentarse los animales.

Recuerdo que al rayar la aurora y al ocaso, se escucha el trinar de las avecillas, el *chihuaquito* (zorzalito) o *chujchico*, el desasosiego de los ruiseñores (*cheqollito*), las tuyas (*jilgueros*). cuando cortejan, trinan fuerte; pian tristes los gorrioncitos, trinan como haciendo carcajadas los acajllos. Por ultimo se va aclarando lentamente el pueblo de Yanaca, y las avecillas, apresuradas, vuelan tras de sus alimentos, al igual que el labriego con sus hijos.

Bibliografía Referencial

Archivos del Juzgado Provincial de Aymaraes. (1974). Consultados en 1974 en Apurímac, Peru.

Bolaños Baldassari, A. (1997). La confederación chanka. Centro de Estudios y Divulgación de Historia del Perú.

Castro Pozo, H. (1947). El Yanaconaje en las haciendas peruanas. Instituto de Estudios Peruanos.

Esterman, J. (1998). Filosofía andina: Sabiduría indígena para un mundo nuevo. Quito.

Garcilaso de la Vega, I. (2016). Comentarios reales de los Incas.

González Carré, E., & Pozzi-Escot, D. (2002). Arqueología y etnohistoria en Vilcashuamán. Boletín de Arqueología PUCP, 2002.

González Carré, E. (1992). Los señoríos chankas. Universidad Nacional de San Cristóbal de Huamanga.

Guamán Poma de Ayala, F. (2010). Nueva Corónica y Buen Gobierno. Editorial El Comercio S.A. Lima. 2010.

Hemeroteca de la Biblioteca Nacional del Perú. (1945, 29 de febrero). Publicado en El Diario La Crónica, p. 19. Lima.

Murra, J. V. (1978). La organización económica del estado Inca (Traducción de D. Wagner). Siglo XXI Editores.

Rivera, M. (2023). In memoriam: El legado de Thomas Francis Lynch a la arqueología andina y chilena. Revista Chilena de Antropología.

Solís, R. M. (2003). La ciudad sagrada de Caral-Supe: Los orígenes de la civilización andina y la formación del estado prístino en el antiguo Perú. Instituto Nacional de Cultura.

Lecturas recomendadas

El Perú desde la visión del «indio». La segunda «Batalla de Ayacucho» (Eleuterio Soto Salas)

365 días viviendo en la Plaza de Armas del Cusco (Félix Hurtado Huaman)

El retorno a casa caminando. Nuna puriq (Cristian Oviedo Ruiz)

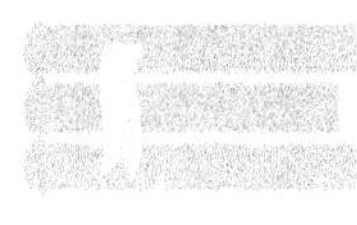

EDIQUID

www.ingramcontent.com/pod-product-compliance
Lightning Source LLC
LaVergne TN
LVHW020019170826
845678LV00001B/50

9786125184252